新形势下国际贸易
理论与发展研究

XINXINGSHI XIA GUOJI MAOYI
LILUN YU FAZHAN YANJIU

樊晓云 著

中国水利水电出版社
www.waterpub.com.cn

内 容 提 要

本书不仅论述了传统的国际贸易理论,同时还对新古典国际贸易理论、现代国际贸易理论进行了详细的阐述,并以此为基础加入了很多国际贸易领域的最新研究成果,突出了本书的前沿性。最后本书还对国际贸易的政策与措施等较为实用的内容进行了详细的论述。

图书在版编目(CIP)数据

新形势下国际贸易理论与发展研究/樊晓云著. --
北京:中国水利水电出版社,2015.2(2022.9重印)
 ISBN 978-7-5170-3017-1

Ⅰ.①新… Ⅱ.①樊… Ⅲ.①国际贸易理论－理论研究 Ⅳ.①F740

中国版本图书馆 CIP 数据核字(2015)第 047052 号

策划编辑:杨庆川　责任编辑:陈　洁　封面设计:崔　蕾

书　　名	新形势下国际贸易理论与发展研究
作　　者	樊晓云　著
出版发行	中国水利水电出版社 (北京市海淀区玉渊潭南路1号D座 100038) 网址:www.waterpub.com.cn E-mail:mchannel@263.net(万水) 　　　　sales@mwr.gov.cn 电话:(010)68545888(营销中心)、82562819(万水)
经　　售	北京科水图书销售有限公司 电话:(010)63202643、68545874 全国各地新华书店和相关出版物销售网点
排　　版	北京厚诚则铭印刷科技有限公司
印　　刷	天津光之彩印刷有限公司
规　　格	170mm×240mm　16开本　14.25印张　185千字
版　　次	2015年6月第1版　2022年9月第2次印刷
印　　数	3001—4001册
定　　价	45.00元

凡购买我社图书,如有缺页、倒页、脱页的,本社发行部负责调换

版权所有·侵权必究

前　言

国际贸易是国际经济交往最古老和最主要的方式。它促进了国际分工和世界市场的形成,也推动了各国经济和世界经济的发展。国际贸易作为国际分工的纽带,无疑是各国间在经济、科学、技术、文化等方面彼此联系、相互交往的最基本和最重要的形式之一。在当今世界上,对于自觉或不自觉地被吸纳在国际分工体系中的国家来说,一旦离开贸易,就势必难以维持现代生产和文明生活。

2001年中国跨入世界贸易组织(WTO)大门,这意味着中国终于融入了经济全球化的浪潮之中。各行各业以及各行各业的管理者、生产者和消费者,都与国际贸易有着千丝万缕的关系。可以预见的是,国际贸易还将继续蓬勃发展,对世界经济、各国经济产生深远而重大的影响。在此背景下,了解和掌握国际贸易的有关知识就成为适应时代的必然选择。面临这一新的形势,切实提高对国际贸易的理性认识是十分重要的。

本书共分为七章。第一章阐述了新形势下国际贸易的发展,对当前国际贸易的地位与作用都进行了全面的论述;第二章阐述了国际贸易的新理论,包括新古典国际贸易理论、现代国际贸易理论;第三章和第四章阐述了国际贸易的政策及其相关措施研究,对国际贸易政策的历史演变和我国对外的贸易政策及其相应的措施都进行了论述;第五章阐述了国际服务贸易的相关内容,尤其是对国际服务贸易的发展和国际服务贸易的格局进行了重点论述;第六章阐述了国际区域经济一体化的发展;第七章阐述了世界贸易组织的发展,其中包括关税与贸易总协定、世界贸易组织与中国等方面的内容。

本书在撰写的过程中主要体现了三方面的特点。第一是系统性，不仅论述了传统的国际贸易理论，同时还对新古典国际贸易理论、现代国际贸易理论进行了详细的阐述；第二是新颖性，本书在撰写过程中加入了很多国际贸易领域的最新研究成果，突出了本书的前沿性；第三是现实性，在本书的写作中不仅加入了相关的理论概念，同时还对国际贸易的政策与措施等较为实用的内容进行了论述。

　　本书在写作的过程中参考了大量相关的著作和研究成果，由于篇幅的限制，没有详细列明，在此表示诚挚的感谢。由于本人水平有限，因此在写作过程中难免出现漏洞，欢迎广大读者给予批评指正，以便使本书更加完善。

作　者

2014 年 12 月

目 录

前言

第一章 新形势下国际贸易的发展 …………………………… 1
 第一节 国际贸易的概述 …………………………………… 1
 第二节 国际贸易的作用 …………………………………… 13
 第三节 传统国际贸易理论 ………………………………… 16
 第四节 经济全球化下国际贸易的发展 …………………… 31

第二章 国际贸易新理论 ……………………………………… 36
 第一节 新古典国际贸易理论 ……………………………… 36
 第二节 现代国际贸易理论 ………………………………… 50

第三章 国际贸易的政策研究 ………………………………… 75
 第一节 国际贸易政策的实质 ……………………………… 75
 第二节 国际贸易政策的历史演变 ………………………… 79
 第三节 中国对外贸易政策 ………………………………… 97

第四章 国际贸易政策相关措施研究 ………………………… 103
 第一节 关税措施 …………………………………………… 103
 第二节 非关税措施 ………………………………………… 113
 第三节 鼓励出口和出口管制措施 ………………………… 121

第五章 国际服务贸易研究 …………………………………… 134
 第一节 国际服务贸易的概念和分类 ……………………… 134
 第二节 国际服务贸易的发展 ……………………………… 137

第三节 服务贸易总协定 …………………………………… 142
第四节 国际服务贸易的格局 ………………………………… 147

第六章 国际区域经济一体化发展 ………………………………… 158
第一节 国际区域经济一体化的相关理论与影响 …… 158
第二节 区域经济一体化的发展与特点 ……………… 169
第三节 目前主要的国际区域经济一体化组织 ……… 172
第四节 中国与区域贸易协定 ………………………… 182

第七章 世界贸易组织的发展 ……………………………… 188
第一节 关税与贸易总协定 …………………………… 188
第二节 世界贸易组织 ………………………………… 202
第三节 世界贸易组织与中国 ………………………… 209

参考文献 …………………………………………………………… 219

第一章 新形势下国际贸易的发展

随着生产力的发展,科学技术的进步和国际经济联系的增强,在当代,国际贸易活动的内容和范围进一步丰富和扩大了。

第一节 国际贸易的概述

国际贸易是国际经济活动中的最主要和最基本形式,也是世界经济发展的重要因素。各国要实现国民经济的增长,都必须大力开发对外贸易。国际贸易属于历史范畴,是在一定的历史条件下产生和发展的。

一、国际贸易的产生

国际贸易是指国与国之间所进行的商品和劳务的交换活动,它是世界各国对外贸易的总和。对外贸易是指一个国家或地区与另一个国家或地区之间的商品和劳务的交换活动。

国际贸易不是人类社会一开始就有的,而是社会生产力发展到一定阶段的产物。国际贸易作为经济主体之间的交换活动,是将剩余产品作为商品进行交换。所以剩余产品、国家是国际贸易产生的必要条件。从根本上来说,社会生产力的发展和社会分工的扩大是国际贸易产生和发展的基础。

原始社会初期,生产力水平低下,生活资料有限,人们获取的生活资料仅够维持生存需要,没有剩余产品,也就没有阶级分化,没有国家的出现,对外贸易和国际贸易也不会出现。

在生产力进一步发展的基础上,原始畜牧业和原始农业生产相分离,第一次社会大分工出现。稳固的农业生产提供了更多的劳动产品,在消费之后,又产生了剩余。人们用这些剩余产品作为交换对象,进行交换。氏族或部落之间出于需要,也要进行交换。这时的交换还只是物物交换,是偶然发生的、原始的。

随着生产力的发展,手工业从农业中分离出来。畜牧业、农业、手工业几个部门的分离,就产生了以直接交换为目的的生产——商品生产。商品生产和商品交换的不断扩大,产生了货币。商品交换由物物交换变成了以货币为媒介的商品流通。

商品交换的频繁,交换的地理范围的扩大。需要有专门从事贩运商品和商品交换业务的人——商人,于是就出现了第三次社会大分工。商人的出现使远距离商品交换甚至海外贸易成为可能。

三次社会大分工,每次都促进了社会生产力的发展和剩余产品的增加;也促进了私有制的发展和奴隶制的形成,使原始社会逐渐过渡到奴隶社会。国家的出现替代了过去的氏族公社,此时,氏族间的商品交换就成了跨越国界的、国际的贸易。

二、国际贸易的发展

(一)奴隶社会的国际贸易

在奴隶社会时期,自然经济占据主导地位,人们的生产主要是为了满足自身需要,几乎没有可以用来交换的产品。再加上交通工具简陋,通讯不发达,对外贸易的范围受到限制,人们交换产品的活动也有一定的局限性。

奴隶社会时期从事国际贸易的国家主要有腓尼基、希腊、罗马等,这些国家主要集中在地中海东部和黑海沿岸地区,从事贩运贸易。我国在夏商时代进入奴隶社会,贸易集中在黄河沿岸。

奴隶社会进行的国际贸易主要为奴隶主服务。奴隶主占有生产资料和奴隶,当时,奴隶主拥有的奴隶是其财富的重要组成部分,从奴隶社会国际贸易的商品构成来看,奴隶是最主要的贸易商品,宝石、香料、各种装饰品等也是主要的贸易商品。

总的来说,奴隶社会商品生产数量少,能用来进行国际交换的商品更少,对外贸易的范围也少,通常仅限于在邻近国家之间进行。但是,尽管如此,有限的国际贸易对商品经济的发展还是起了一定的推动作用,尤其促进了手工业的发展。

(二)封建社会的国际贸易

人类社会由奴隶社会进入封建社会后,商品经济进一步发展,极大地推动了国际贸易的发展,国际贸易也由最初的以物易物贸易形式,转化为以货币交易的形式,交通工具的改进和马车的出现,使国际贸易更趋活跃,国际贸易的规模、范围也在不断地扩大。

中世纪,欧洲国家普遍实行封建制度,国际贸易有了较大发展。在欧洲封建社会的早期,国际贸易活动很少,其中心位于地中海东部,除了盐、酒之类必需品交易外就是买卖奴隶;到封建社会的中期,商品生产取得了一定进展,加之基督教在西欧已十分盛行,教会通过促进国际贸易的发展来获取和维护自身利益;公元11世纪以后,随着意大利北部和波罗的海沿岸城市的兴起,国际贸易的范围扩大到了地中海、北海、波罗的海和黑海沿岸;封建社会后期,随着城市的兴起和城市手工业的发展,推动了国际贸易的进一步发展,交易品已从香料和奢侈品扩展到呢绒、葡萄酒、羊毛和金属制品等。

亚洲各国之间的贸易由近海逐渐扩展到远洋。早在西汉时期,中国就开辟了陆路丝绸之路,从长安经中亚通往西亚和欧洲,主要贸易商品为中国的茶叶、丝绸、瓷器,以及西方的种子、良马、药材和饰品等。这条商路是中西交流之路。唐朝进一步扩展了通往波斯湾以及朝鲜和日本等地的海上贸易。宋、元时期,造船技术、航海技术取得进步,海上贸易进一步发展。在明朝永乐年间,郑和曾率领商船队七次下"西洋",经东南亚、印度洋到达非洲东岸,先后访问了 30 多个国家,用丝绸、茶叶、瓷器等换回了香料、象牙、药材等。

然而,封建社会自给自足的自然经济仍然占统治地位,社会分工和商品经济仍然不很发达,能够进入商品流通的只有少量剩余农产品、土特产品和手工业品。对外贸易在各国国民经济中还不占重要地位,对各国经济的发展没有显著影响,通过贸易往来,主要是实现了各国之间的经济文化交流。

(三)资本主义社会的国际贸易

资本主义生产方式的建立与发展对国际贸易的发展起了推动作用。马克思曾经指出:"对外贸易的扩大,虽然在资本主义生产方式的幼年时期是这种生产方式的基础,但在资本主义生产方式的发展中,由于这种生产方式的内在必然性,由于这种生产方式要求不断扩大市场,它成为这种方式本身的产物。"马克思这一科学论断,揭示了国际贸易与资本主义生产方式之间的本质联系。与封建制度不同,资本主义制度在本质上具有扩张性。资本的无限扩张决定它必须以大规模生产为前提,同时也必须以大规模的销售为前提。在资本主义形成以前,国际贸易为资本主义生产方式的产生提供了必要的劳动力、资本和市场,帮助完成了资本的原始积累,是其基础。在资本主义生产方式确立后,由资本主义制度的本质所决定,国际贸易成了这种生产方式的产物,这在近代表现尤为突出。

地理上的新发现和主要资本主义国家产业革命的完成,使国际贸易迅速发展。贸易规模、贸易商品种类、贸易地理范围以及贸易在各国国民经济中的地位,都得到了空前的扩大和提高。

在资本主义生产方式准备时期,1492 年,意大利航海家克里斯托弗·哥伦布(Christopher Columbus)横渡大西洋,发现了美洲大陆。1498 年,葡萄牙的瓦斯哥·达·迦马(Vaseo da Gama)绕过南非的好望角发现了到达印度的新航线。这两个重大发现,使欧洲的对外贸易在地理范围上扩大了。在此之前,欧洲国际贸易的地理范围主要是在地中海、北海、波罗的海,与亚洲的贸易主要是通过阿拉伯商人间接进行的。在地理大发现之后,欧洲对外贸易的范围就直接扩大到大西洋彼岸的美洲和亚洲的印度、中国。当时,大量的欧洲商人涌向这些地区,用武力和欺骗手段,进行海盗式的、掠夺性的贸易,并且占领这些国家和地区,使这些国家和地区沦为他们的殖民地。欧洲的几个主要贸易国家为了争夺海上的贸易霸权,曾经进行过几次商业战争,几个主要贸易国家也因此而经历了几度兴衰。随着几个主要贸易国家的兴衰,国际贸易的中心也曾多次转移。最初,由于西班牙、葡萄牙的兴起,使得比利牛斯半岛诸城市成为国际贸易的中心;以后,荷兰兴起,安特卫普和阿姆斯特丹取代了前者,成了国际贸易的中心;到17世纪时,英国取得了国际贸易的霸权,伦敦就成了国际贸易的中心。

18世纪后半期和19世纪,资本主义国家相继发生并完成了产业革命。产业革命促进了国际贸易的迅速发展。所谓产业革命,是以机器为主的工厂制度代替以手工技术为基础的手工工场制的革命。它既是一场技术革命,又是一场生产关系的变革。这次产业革命是18世纪60年代在英国棉纺织业首先开始的。当时,哈格里沃斯发明的珍妮纺织机、瓦特研制的蒸汽机,在这次技术革命中起了突出的作用。英国的产业革命在19世纪30年代基本完成。继英国之后,法国在19世纪初开始产业革命,60年代末基本完成,之后,美国、德国、日本也相继开展并完成了产业革命。

随着蒸汽机的出现和应用范围的扩大,特别是机器制造业的形成,使机械化生产遍及了工业、交通运输业、采矿业等部门,改变了整个工业生产的面貌。机器大工业的建立,迅速提高了社会生产力,使社会产品极大地丰富了,这就为国际贸易奠定了物质基础。另外,交通运输和通信联络工具有了很大进步,火车代替了马车,轮船代替了帆船。这些都使得运费降低、运输时间减少,这实际上就等于缩短了各国之间的地理距离,使过去不可能的国际贸易成为可能。

从1850年至1913年的63年间,世界工业生产增加了10倍,国际贸易量也增加了10倍。产业革命使世界经济得到了迅速发展,也使国际贸易得到了迅速发展。

从总的情况看,资本主义社会与封建社会相比较,国际贸易无论内容还是形式,都发生了显著变化。具体讲,这些变化主要表现为以下几个方面:(1)贸易的商品种类已不像封建社会那样只限于少量的奢侈消费品,而是品种越来越多,工业品、原料、谷物也成为大宗的贸易商品;(2)国家之间为了把贸易渠道稳定下来,以便使经常贸易有所保证,或为了争取到贸易对方国的优惠待遇,国与国之间签订贸易条约、贸易协定等协议形式也普遍发展起来;(3)由于国际贸易的日益频繁,开始出现了为国际贸易服务的运输、保险、借贷金融等专业化企业;(4)贸易方式由过去的现场看货成交,发展成为凭样品成交。[①]

(四)第二次世界大战后国际贸易的发展

(1)国际贸易增长速度明显超过世界经济增长速度。二战以前,国际贸易增长速度较低。二战后,国际环境趋于稳定,国际贸易增长速度大大超过整体经济增长速度。世界经济年平均增长速度在20世纪60年代为5%,70年代为4%,80年代为3%,1948—1999年为3.64%。而国际贸易的平均增长速度,自1965年起至80年代中期保持在10%左右,1948—1999年为5.78%。虽然70年代出现两次石油危机,但并未影响国际贸易的高速增长。1980年比1970年国际贸易总出口额增长5.3倍,平均每年递增20.2%,成为国际贸易增长最快的时期。

(2)服务贸易增长速度明显超过货物贸易增长速度。"服务贸易"一词的出现不过30年的时间,但其中包含的某些服务要素

---

① 王秋红.国际贸易学[M].北京:清华大学出版社,2010,第5页

的交换却有着悠久的历史。从历史上看,服务的交换和贸易随着货物贸易的产生而问世,并随着货物贸易的发展而不断壮大。但是,从19世纪70年代开始,服务贸易超越货物贸易以更快的速度增长。从1970年至2005年,世界货物贸易出口额由3 145亿美元增加到103 224亿美元,增长32.8倍,而国际服务贸易出口额则由710亿美元增长到24 980亿美元,增长35.2倍。

(3)多边贸易组织的作用不断扩大。世界贸易组织的前身是关贸总协定。在关贸总协定存在的46年间(1948—1994年),经过8轮谈判,尤其是乌拉圭回合,大大扫除了国际贸易中的障碍,明显降低了各国的关税,使发达国家的平均关税降至1%～3%,发展中国家的平均关税降至13%～15%,有力地促进了国际贸易的发展。在关贸总协定的基础上,1995年成立的世界贸易组织在促进国际贸易发展方面更加有效。

区域经济一体化组织是多边贸易组织的另一种形式,它在推动本地区贸易和投资自由化方面取得了实质性进展。特别是20世纪90年代,无论是发达国家还是发展中国家的区域经济一体化组织,其区域内的贸易和投资增长速度都超过了区域外的增长,成为推动世界贸易增长的重要因素之一。

(4)跨国公司及其国际贸易迅猛发展。跨国公司间的贸易以及公司内部的贸易目前占整个国际贸易总额的70%以上。国际贸易越来越演变为跨国公司的贸易。跨国公司一般都将贸易与投资二者并举,只不过不同时期有不同的侧重点而已。当遇到贸易壁垒或母国制造成本太高时,它就更多地向外投资,以绕过贸易壁垒或寻求产品的低成本,这种情况下,投资就代替了贸易;反之,则更多地发展贸易。因此,不能独立考察贸易与投资,必须将二者结合起来。

(5)高科技产品的国际贸易比重不断上升。以微电子信息技术、生物工程为代表的新的科技革命和产业革命正在迅速崛起。它们的成果已经渗透到社会经济生活的各个方面。如电子银行、电子货币、电子商务以及众多的转基因生物,甚至在军事上已出现电子战。由于这种高科技成果的出现,国际贸易的商品结构正在发生重大的变化。

三、国际贸易的基本概念及分类

(一)国际贸易基本概念

1. 国际贸易与对外贸易

国际贸易是指世界各国(或地区)之间商品交换的活动,既包括货物交换,也包括服务交换,也称世界贸易(world trade)。对外贸易(foreign trade)是指一国或一个地区(独立关税区)同别国或地区(独立关税区)所进行的商品交换活动,这里所说的商品包括货物和服务。有时,在一些岛国或地区也称海外贸易(oversea trade),如英国、日本和中国台湾地区。

国际贸易是从整个世界的角度来考察各国或地区之间的贸易活动,而对外贸易则是从一个国家或地区的角度出发去考察它与别国或地区之间的贸易活动。国际贸易与对外贸易均包括货物和服务贸易。出于历史的原因,以前甚至目前仍有一些国家或地区的对外贸易统计不含服务贸易。

2. 对外贸易额和国际贸易额

对外贸易额(value of foreign trade)是指一国或一个地区在一定时期内的全部进口和出口商品的总值,也就是一国的商品进出口总额,或以金额表示的一国的对外贸易。它是反映一国或一个地区对外贸易规模的重要指标。国际贸易额是指世界各国或地区在一定时期内的出口额或进口额相加构成的这一时期的贸易总额。

国际贸易额不等于世界各国或地区对外贸易额之和。因为一国的出口即为另一国的进口,简单将对外贸易额相加会造成重复计算。一般来说,各国出口额的统计以FOB价格计算,而进口额的统计以CIF价格计算。由于CIF是在FOB的基础上外加运费和保险费构成的,这使得世界出口总额并不等于世界进口总额,而是小于世界进口总额。但也不完全如此,例如,美国商务部对美国对外贸易是按 FAS(船边交货价)统计的。

3. 对外贸易量

对外贸易量(volume of foreign trade/quantum of foreign trade)是指经价格指数调整后的对外贸易额。

对外贸易量的计算公式如下:

$$对外贸易量 = \frac{对外贸易额}{对外贸易商品价格指数}$$

对外贸易量实际为按不变价格计算的对外贸易额,也就是说剔除了价格变动的因素。因此,它比对外贸易额更为准确地反映了对外贸易的规模,也更便于对不同时期的对外贸易规模进行分析和比较。与对外贸易量类似,还可计算进口量、出口量和国际贸易量等指标,其单位仍为货币单位。

4. 贸易差额

贸易差额(balance of trade)是指一国或地区一定时期内出口额与进口额之间的差额。

出口额大于进口额称为贸易顺差(surplus)或盈余;反之,为逆差(deficit)或赤字;如果二者相等,则为贸易平衡。一国对外贸易收支是该国国际收支的经常项目中最重要的组成部分,对该国国际收支有重要的影响。比如顺差这一指标的意义及重要性大致如下:(1)促进国民经济的增长;(2)提高外债的偿还能力;(3)一定程度上保证进口所需的外汇;(4)促进汇率的稳定;(5)顺差过大,则会造成对方的不满,加剧贸易摩擦。

5. 国际贸易的商品结构与对外贸易的商品结构

国际贸易的商品结构(composition of foreign trade/composition of international trade)是指不同种类的商品在世界贸易或一国对外贸易中所占的比重,也称商品构成。

国际贸易的商品结构的计算公式如下:

$$\text{国际贸易的商品结构} = \frac{\text{某类商品的出口额或进口额}}{\text{世界出口额或进口额}}$$

对外贸易的商品结构=

$$\frac{\text{一国（地区）某类商品的出口额或进口额或对外贸易额}}{\text{一国（地区）的出口额或进口额或对外贸易额}}$$

一国出口商品结构或进口商品结构=

$$\frac{\text{一国（地区）某类商品的出口额或进口额}}{\text{一国（地区）的出口额或进口额}}$$

对外贸易商品结构可以反映出一国经济发展水平、产业结构状况。反过来，一国经济发展状况以及其他因素也会影响到一国的对外商品结构。

同样，国际贸易商品结构也可以反映世界的经济和产业状况。而世界经济发展状况以及其他因素也会影响国际贸易商品结构。为便于统计，1950年联合国秘书处起草出版了《联合国国际贸易标准分类》(Standard International Trade Classification，SITC)，并于1960年、1974年和1995年进行了修订。世界各国均以此为标准公布国际贸易和对外贸易商品构成。

国际贸易商品共分为10大类：食品及主要供食用的活动物(0)；饮料及烟草(1)；燃料以外的非食用粗原料(2)；矿物燃料、润滑油及有关原料(3)；动植物油脂及油脂(4)；未列名化学品及有关产品(5)；主要按原料分类的制成品(6)；机械及运输设备(7)；杂项制品(8)；未分类的其他商品(9)。在国际贸易统计中，一般将0~4类称为初级产品，5~8类称为制成品，9类称为其他。

6. 国际贸易与对外贸易地理方向

国际贸易地理方向(direction of international trade)是指一定时期内世界各洲、各国（地区）或各国家经济集团在国际贸易中所占的比重，也称国际贸易地区分布(international trade by region)。对外贸易地理方向是指一定时期内不同国家或地区在一国对外贸易中所处的地位或所占的比重，也称对外贸易地区分布或国别构成。其计算公式如下：

$$国际贸易地理方向 = \frac{某国（地区）进口或出口总额}{世界进口或出口总额}$$

$$对外贸易地理方向 = \frac{一国（地区）对某国的进出口总额}{该国（地区）的对外贸易额}$$

$$或 = \frac{一国（地区）对不同国家的进口或出口额}{该国（地区）的进口或出口总额}$$

通过对对外贸易地理方向的研究，可以知道一国商品出口的去向和进口的来源，从而可以反映出该国与其他国家之间贸易联系的程度。对外贸易地理方向和国际贸易地理方向要受许多因素的影响，例如经济互补性、国际分工状况以及贸易政策和政治因素等。

7. 贸易条件

贸易条件（terms of trade）是指一国（地区）在一定时期内的出口价格指数与进口价格指数之比。

计算公式为：

$$贸易条件 = \frac{出口价格指数}{进口价格指数} \times 100$$

如果贸易条件大于 100，说明贸易条件改善了，反之则恶化了。这里所说的贸易条件一般也称净贸易条件。贸易条件只是反映不等价交换的一个指标，不是唯一指标。

8. 对外贸易依存度

对外贸易依存度也称对外贸易系数（interdependent）是指一国（地区）对外贸易额与该国同期的国民生产总值（或国内生产总值）之比。

其计算公式为：

$$对外贸易依存度 = \frac{对外贸易额}{GNP(GDP)} \times 100$$

这一数字可在一定程度上反映对外贸易在一国（地区）国民经济中的重要程度，也可以反映出不同国家参与国际分工的程度。第二次世界大战后，各国这一数字均有提高，说明世界经济的联系更加密切，或者说更趋于全球化。

(二)国际贸易的分类

1. 出口贸易和进口贸易

按商品的移动方向划分,国际贸易可分为出口贸易(export trade)和进口贸易(import trade)出口贸易是指将本国(地区)所生产或加工的商品输往国外市场进行销售的商品交换活动。

进口贸易是指购进和输入国外商品,在本国(地区)市场上进行销售的商品交换活动。

2. 复进口贸易和复出口贸易

复进口贸易(re-import)是将本国商品输往国外后未经加工而重新输入国内的贸易活动。一般是由商品偶然受损、未售出、质量不合格等因素所造成的,没有经济意义。

复出口贸易(re-export)是指对买进的外国商品未经加工又输出到国外的贸易活动。它由两部分组成:从本国自由贸易区或海关保税仓库再出口;商品本国化后再出口。

3. 转口贸易与过境贸易

转口贸易(entrepot trade)是指商品的生产国与商品的消费国之间不是直接交易,而是通过第三国进行的商品买卖。它对生产国和消费国来说都是间接贸易。转口贸易不一定要间接运输。

过境贸易(transit trade)是指商品生产国与商品消费国之间所进行的贸易活动,其货物运输过程中通过第三国的国境,对第三国来说,这就构成了该国的过境贸易。有些内陆国家的进出口商品必须经由第三国运输。

4. 总贸易和专门贸易

按国境和关境划分(也可以认为是按不同的贸易体系或不同的进出口货物统计方法进行划分),国际贸易分为总贸易(general trade)和专门贸易(special trade)。

总贸易是指以国境为标准来统计的货物的进出口情况。这种记录和编制进出口货物的方法也称总贸易体系,或者一般贸易体系。所有进入一国国境的商品列为总进口,而离开一国国境的商品列为总出口。目前世界上大约有90个国家和地区采用这种统计方法,例如美国、日本、英国、加拿大和澳大利亚等。

专门贸易是指以关境为标准来统计货物的进出口情况。这种记录和编制进出口货物的方法也称专门贸易体系,或者特殊贸易体系。专门进口是指商品进入关境,并向海关缴纳关税,由海关放行后的商品进口。专门出口是指运出关境的商品出口。目前,世界上有德国、意大利、瑞士和法国等多个国家和地区采用这种统计方法。

我国目前采用的是总贸易的统计方法。

5. 货物贸易和服务贸易

按交易对象划分(或者按交易商品的形式划分),国际贸易可分为货物贸易和服务贸易。

货物贸易(goods trade)即SITC中的十大类商品的贸易。

对于服务贸易(service trade),WTO列出了服务行业涉及的如下部门:商业、通信、建筑、销售、教育、环境、金融、卫生、旅游、娱乐、运输和其他。

第二节　国际贸易的作用

国际贸易,联结着各国国内经济活动和国际的经济活动,必然对一国经济和世界经济的发展产生一定的影响。其具体作用表现如下。

一、国际贸易可以使各国的商品和劳务互通有无

由于受自然条件以及其他方面条件的制约,任何一个国家不可能独立生产所有商品,某些产品只能在少数国家生产出来,或者少数国家对某些商品的生产具有优势。国际贸易可以使各国

互通有无，满足各国生产和经济发展对各种资源的需要。国际贸易可以调剂余缺，出口贸易为国内剩余的资源和商品解决"出路"问题，进口贸易可以补救一国或一时资源匮乏的困难，解决社会生产与社会需求的供求矛盾，保证本国社会生产顺利进行。

二、国际贸易有利于扩大规模经济

不断扩大出口贸易，利用世界市场，就可以扩大商品生产的规模，因而可以降低产品生产要素各个方面分摊给单位产品的成本，提高经济效益，获得规模经济利益。

三、国际贸易有利于提高劳动生产率

扩大出口贸易，占领世界市场的首要条件，是发挥本国产品的优势，生产出具有国际竞争力的产品。因此在产品其他条件相同时，要不断提高劳动生产率，使本国产品价格低于国际市场价格，以获得价格竞争力。提高出口产品的劳动生产率不仅有利于出口产品降低成本，增加生产，而且可以带动整个国民经济各部门提高劳动生产率。

四、国际贸易有利于提高利润率

通过国际贸易可以从国外获得廉价的原料、燃料、辅助材料、机器、设备等，降低生产成本；通过国际贸易可以占领甚至垄断国外市场，以较高的价格出售产品或劳务；通过对外直接投资可以在全球范围内有效配置资源；从而，通过国际贸易提高利润率。

五、国际贸易有利于增加就业

人口也是一种资源，劳动力得不到充分就业也是一种资源的

浪费。扩大对外贸易，无论是增加劳动密集型产品的出口，还是增加资本密集型产品、技术密集型产品的出口，都会增加各种类型的工作岗位。劳动者的充分就业，对外贸易的扩大，会引起整个国民生产总值的增长和国民收入的增加。

六、对外贸易部门能够带动相关经济部门的发展

国民经济的各个部门是相互联系、相互影响的。对外经济部门的扩大对其他经济部门产生后连锁的和前连锁的效应。所谓前连锁效应是指以其产品供应别的部门的需要。所谓后连锁效应是指由别的部门来供应本部门在生产中所投入的要素。一个国家出口部门越发展，对国民经济中其他经济部门的带动作用越大。

七、国际贸易有利于提高本国科技水平和生产力水平

通过国际贸易可以引进别国的先进技术和管理经验，消化吸收外国的新知识、新技术、新技能和新方法，并使之逐步国产化，可以有效地、迅速地提高本国的科技水平和生产力水平。

八、国际贸易促进世界经济的发展

国际贸易是世界经济不可缺少的组成部分。尤其是"二战"后，国际贸易成为推动世界经济发展的重要力量之一。世界经济的发展对国际贸易的规模、速度、结构等有决定作用，而国际贸易的发展对世界经济的发展也有一定的促进作用。国际贸易能够密切各国的经济联系，促进生产、资本及经营的国际化，即整个世界经济的国际化。

九、国际贸易是国际经济"传递"中的重要渠道

经济传递是指一个国家经济的盛衰对另一国产生的积极和消极的影响。世界各国在经济上是相互联系、相互依赖的,各国经济的繁荣或衰退会通过各种渠道影响其他国家,国际贸易则是各国经济活动相互传递的重要渠道。

十、国际贸易是各国进行政治斗争的重要手段

国际贸易已成为各国对外经济活动的重要内容,各国经济外交与政治外交日益融合为一体,对外贸易政策已成为各国对外政策的重要组成部分。通过对外贸易,维护本国的社会制度,建立经济贸易集团,扩大内部市场,促进经济相互发展,增强谈判的能力,维护世界和平,坚持正义。通过对外贸易制裁那些违背联合国宪章的行为,制裁违犯人权、实行种族歧视的国家。通过对外贸易,能够促进各国间相互的经济合作,改善国际环境,为经济发展创造良好的外部条件。

第三节 传统国际贸易理论

国际贸易理论是对决定国际贸易总量、构成、方向、变化等因素的系统理论分析。国际贸易理论是国际贸易政策制订的依据,并且随着国际贸易的发展不断得到深化。

一、国际分工

(一)国际分工的含义

国际分工是指世界各国之间的劳动分工。它是社会生产力

和社会分工发展到一定阶段的产物,是国民经济内部分工超越国家界限向纵深发展的结果。国际分工是国家贸易的基础。

国际分工的格局决定了一国对外贸易的地理方向和贸易利益等。而各国的对外贸易又是国际分工利益实现的途径。国际分工与国际贸易二者相辅相成,互为因果关系。①

(二)国际分工的产生与发展

国际分工在近代和现代发展的过程中,经历了若干阶段。这些阶段的划分同社会生产力发展阶段的划分以及国际贸易和世界市场发展阶段的划分,基本上是一致的。

1. 国际分工的萌芽阶段

15世纪末和16世纪初的地理大发现,开始了国际分工的萌芽阶段。在地理大发现以前的一段时间,国际贸易以地中海为中心,此外还包括北海、波罗的海和其他欧洲国家之间的贸易,以及中国与邻近国家之间的贸易。当时,在这些贸易国家或地区之间存在着极不发达的地域分工,世界市场尚未形成。地理大发现以后,欧洲人所了解的地球面积比14世纪所了解的增加了5倍。大批欧洲商人涌进新发现的地区,他们用武力掠夺当地人的财产,并运往欧洲。同时,欧洲的殖民主义者在美洲、亚洲、非洲这些新发现的地区,掠夺各种财产,并运往其他洲进行贸易,换回各种贵重金属。

国际贸易的迅速扩大,加速了资本原始积累,加快手工业生产向工场手工业的过渡,从而促进了在工场手工业生产基础上的国际分工的产生和发展。

2. 国际分工的形成阶段

第一次产业革命推动了国际分工的形成,这次产业革命使资本主义过渡到了机器大工业阶段,为国际分工的发展奠定了物质基础。世界城市与世界农村,以及工业国与农业国之间的垂直社

---

① 孙睦优.国际贸易学[M].武汉:武汉大学出版社,2009,第30页

会分工体系开始形成。在这种国际分工体系下,殖民地、附属国成为宗主国的工业品销售市场和食品、原料的来源地。

3. 国际分工的发展阶段

第二次产业革命推动国际分工进入快速发展阶段。在此阶段,垄断资本主义取代自由资本主义,资本输出代替商品输出成为主要的经济特征之一。资本输出把资本主义的生产方式移植到殖民地和半殖民地国家,生产国际化和资本国际化的趋势日益增长,国际分工向纵深方向发展,主要资本主义国家加紧在殖民地和半殖民地国家兴办面向国际市场的种植业和采矿业,加深了世界工厂与世界农村的对立关系。另一方面,主要资本主义国家之间的分工也逐渐形成。

4. 国际分工的深化阶段

第二次世界大战以后,国际分工进入深化发展阶段。20世纪40年代兴起的第三次科技革命,推动了生产力的巨大的增长,也加速了国际分工和国际贸易发展的进程,主要表现在以下三方面。

首先,国际分工格局发生了很大变化。战后,工业国之间的分工在国际分工格局中居于主导地位。现代发达国家许多高技术的产品,既不是一个厂商,也不是一个国家单独生产出来的。如大型储存集成电路计算机、巨型飞机、原子能发电站等。在合作生产的过程中,不同国家各自在某些工业部门里取得了领先地位,从而使这些国家的工业部门之间的分工得到发展。如"空中客车"就是由西欧的多个国家合作生产的,中国有几家飞机制造厂也参与其中的零部件生产。为了分工和协作的需要,发达国家往往在一定区域内组织集团,如欧盟等。

其次,国家分工的形式有了很大改变。主要是传统的"垂直型"分工向"水平型"分工转变。所谓"垂直型"的国际分工,主要是指进口原材料、出口工业与进口工业制成品、出口原材料的国家之间的分工。所谓"水平型"国际分工,主要是发展水平基本相同的国家之间的横向分工。目前,"水平型"的国际分工已占主导地位。

最后,产业部门之间的国际分工日益转变为产业内部的国际分工。战后,由于科学技术的发展,产业内部的分工变得更为精细,因而发达国家的某一产业部门的生产也需要通过国际分工来进行。同时由于产品的差异化的发展,产业内的分工还表现在一个国家既进口又出口某些同类产品。

(三)国际分工对国际贸易的影响

国际分工是国际贸易的基础。国际分工对国际贸易的影响主要有以下几个方面。

1. 国际分工的扩大促进了国际贸易的发展

国际分工的发展,把世界各个角落的国家卷入国际商品流通,使国际贸易成为一种经常的、广泛的交换活动,并随着国际分工的扩大日益向广度和深度发展。例如,一架波音747客机是由多个国家近三万家大中小企业协作生产的。工业部门内部的分工及产品的交换日益增长,扩大了这些国家之间的商品交换范围,使国际贸易的增长速度大大超过同时期工业生产的增长速度。同时,国际贸易方式日益多样化,由单纯的商品进出口发展到广泛的经济技术合作,出现了补偿贸易、加工贸易、技术贸易等国际贸易形式,使有形商品与技术转让结合起来,更加促进国际贸易的发展。

2. 国际分工影响一国对外贸易依存度和世界贸易依存度

一国对外贸易的依赖程度及世界贸易依存度与国际分工有很大关系。国际分工的发展,使各国对外贸易依存度和世界贸易依存度不断提高。自"二战"以来,世界贸易依存度不断提高。

由于国际分工的影响,每个国家都能发挥其优势,生产和出口具有优势的产品,使国际贸易增长速度越来越大,对各国经济和世界经济的促进作用也越来越大。

3. 国际分工影响国际贸易的商品结构

前两次科技革命所建立的生产部门,是需要消耗大量原材料的工业,如轻工业、重工业等,与此相对应的国际分工与国际贸易也主要以自然资源为基础。故"二战"前初级产品的国际贸易额,长期稳定在世界贸易额的 60% 以上,工业制成品贸易额则在 40% 以下。而战后以高科技为基础所建立的新兴产业及其国际分工,因科技进步使原材料、燃料消费不断下降,制成品附加价值大大提高,以至 20 世纪 60 年代以来,国际贸易商品结构也发生了明显的变化,如今大体是初级产品贸易为 40%,工业制成品贸易占 60%。随着知识经济的到来,高科技产品、信息产业产品越来越成为国际贸易的主要商品。

4. 国际分工影响国际贸易的地理方向

第二次世界大战以前,在近一个世纪的时间里,西方工业国家同广大发展中国家的贸易,占到世界贸易总额的一半以上。然而,战后西方国家彼此形成的以新兴技术为特征的国际分工,其市场以西方发达国家为主,使国际贸易格局发生了与过去相反的变动。如今发达国家之间贸易额迅速上升到占世界贸易总额的一半以上,而这些国家同发展中国家的贸易额则下降到 40% 以下。目前,国际分工的地理方向呈北强南弱的局势,北方国家在国际分工与国际贸易中占主导地位,而南方国家则处于劣势。特别是在知识经济中,发达国家掌握产品的核心技术和销售渠道,而发展中国家处于产品加工环节的低端环节。

二、绝对优势理论

传统国际贸易理论体系的建立起源于绝对优势理论,这一理论为比较优势理论的创立铺平了道路。

(一)亚当·斯密与绝对优势理论

亚当·斯密(Adam Smith,1723—1790 年),英国著名的经济学家,资产阶级古典经济学派的主要奠基人之一,国际分工及国际贸易理论的创始者。

在亚当·斯密所处的时代,英国资本主义迅速发展,新兴的资产阶级,希望通过对外贸易寻找新的市场。但当时比较流行的重商主义和贸易保护主义制约了对外贸易的扩大,乡间的行会制度制约了生产者和商人的活动,新兴资产阶级从海外获得廉价原料和广阔市场的愿望难以实现。亚当·斯密站在产业资产阶级的立场上,反驳了重商主义、贸易保护主义等思想和理论,主张自由贸易,创立了自由放任的自由主义经济理论,在国际分工、国际贸易方面,提出了主张自由贸易的绝对优势理论。

(二)绝对优势理论的主要论点

1. 分工可以提高劳动生产率

亚当·斯密认为,人类有一种天然的倾向,就是交换。交换是人类出于利己心并为达到利己的目的而进行的活动。人们为了追求私利,便乐于进行这种交换,而通过市场这只无形的手会给社会带来利益。他认为,人们为了交换自己所需要的产品,就应根据自己的特点进行社会分工,然后出售彼此在优势条件下生产的产品,这样双方都会获利。

亚当·斯密非常重视分工,他认为分工可以提高劳动生产率,因而能增加国家财富。他以手工制扣针的工厂为例,在没有分工的情况下,一个粗工每天至多只能制造20枚针,有的甚至连1枚针也制造不出来。而在分工之后,平均每人每天可制针4 800枚,每个工人的劳动生产率提高了几百倍,从而论证了分工对提高劳动效率、增加物质财富的积极作用。因此,亚当·斯密主张分工,认为在生产要素不变的情况下,分工可以提高劳动生产率。分工促进劳动生产率的提高主要通过以下三个途径来实现:第一,分工可以提高劳动者的熟练程度;第二,分工使每个人专门从事某项生产,从而节省与生产没有直接关系的时间;第三,分工有利于发明创造和改进工具。

2. 分工的原则是绝对优势

亚当·斯密认为,为提高劳动生产率,每个人都应该从事他最有优势产品的生产,然后再通过彼此之间的交换,使双方共同获利。在亚当·斯密看来,国际之间同样适用分工原则,因为不同的国家有不同的有利的生产条件,在某些商品上生产成本低,具有绝对优势。若每个国家都按照其绝对有利的生产条件去生产某种商品,然后彼此再进行交换,则所有参加交换的国家都可以从中获利。因此一种商品在别国生产相对廉价的情况下,最好是通过交换获得,而不是自己生产。

3. 国际分工的基础是有利的自然禀赋或后天的有利条件

亚当·斯密认为,各国的绝对优势可能来源于两个方面:一是各国固有的自然禀赋,二是后来获得的某些有利条件。因为有利的自然禀赋或后天的有利条件可以使一个国家生产某种产品的成本绝对低于别国,因而在该产品的生产和交换上处于绝对有利地位。如果每一个国家都按照各自的有利条件进行专业化的生产,然后彼此进行交换,将会使各国的资源、劳动力和资本得到最有效的利用,从而大大地提高劳动生产率和增加物质财富,并使各国从交换中获益。由于这个理论是按各国绝对有利的生产条件进行国际分工,所以我们把他的分工理论叫"绝对优势理论"。

(三)绝对优势理论的内容

为了更清楚地说明亚当·斯密的国际贸易理论,我们假设两个国家是英国和美国,都生产小麦和玉米两种产品,但两国在小麦和玉米上使用不同的生产技术。存在着劳动生产率上的绝对差异。现假设两国具有相同的劳动人数 100 人,由于两国的劳动生产率不同,同样的劳动人数每年生产的产品产量也不同。如果两国都生产小麦和玉米,假设美国每人每年生产小麦 6 吨,生产玉米 4 吨;英国每人每年生产小麦 1 吨,生产玉米 5 吨(表 1-1)。则两国每年拥有的产品状况如表 1-2 所示。

表 1-1　美国和英国的劳动生产率

商品＼国家	美国	英国
小麦（吨/年人）	6	1
玉米（吨/年人）	4	5

表 1-2　美国和英国每年拥有的产品状况

商品＼国家	美国	英国
小麦（吨）	600	100
玉米（吨）	400	500

由于美国每人每年可生产小麦 6 吨，而英国每人每年只能生产小麦 1 吨，因此，美国人在生产小麦上的劳动生产率高于英国，因而具有绝对优势；另一方面，英国每人每年可生产玉米 5 吨，而美国每人每年只能生产玉米 4 吨，因而英国人在生产玉米上的劳动生产率高于美国，因而具有绝对优势。这样美国人可专门生产小麦，通过贸易，交换所需的玉米，而英国则相反。

为了进一步说明专业化分工与国际贸易的好处，我们可以用一个假设的例子来说明。如果两国都实行闭关锁国，不与别国进行贸易，为了满足自己的需要，两国都必须同时生产两种产品。为了理解上的方便，我们假设每个国家都将劳动力资源平分到两种生产商品上，那么在这种状况下，两国的生产状况如表 1-3 所示。在没有贸易的条件下，各国的生产量也就是他的消费量。

表 1-3　美国和英国每年生产(消费)的产品状况(分工前)

国家 商品	美国	英国
小麦(吨)	300	50
玉米(吨)	200	250

在两国实行专业化分工以后,按照绝对比较优势原理,美国专门去生产小麦,英国专门去生产玉米。在这种情况下进行分工,则两国的生产状况如表 1-4 所示。

表 1-4　美国和英国每年生产的产品状况(分工后)

国家 商品	美国	英国
小麦(吨)	600	
玉米(吨)		500

假定分工后,按照 1∶1 的交换比例,美国拿出 220 吨小麦与英国交换 220 吨玉米,这样美国比自给自足时多消费了 80 吨小麦和 20 吨玉米。而英国则比自给自足时多消费了 170 吨小麦和 30 吨玉米(见表 1-5)。两国比贸易前都增加了消费,都超过了自给自足时的消费水平。这就是贸易带来的"双赢"。

表 1-5　美国和英国每年生产的产品状况(贸易后)

国家 商品	美国	英国
小麦(吨)	380	220
玉米(吨)	220	280

在上面这个例子中,我们假设美国与英国的交换比例是 1∶1,而实际的交换并不一定按照 1∶1 进行交换。究竟按照什

么样的比例进行交换取决于国际市场的供需状况。但是,有一点是可以肯定的,那就是美国 3 吨小麦换取的玉米量一定要多于 2 吨,否则美国就会自己去生产玉米;同样英国 1 吨玉米换取的小麦不能小于 0.2 吨,否则就无利可图。至于英国获利比美国大这个事实并不重要,重要的是两国通过相互分工与贸易均获得了利益。

绝对优势理论论证了国际贸易可以实现国与国之间的双赢,这种"双赢"理念是当代各国积极开展国际贸易的指导思想之一。但在现实世界中,由于技术、自然环境条件等原因,一些国家可能没有任何一种产品处于绝对有利的地位,那是不是这些国家就不能参加国际贸易呢?对于这一重要问题,斯密的绝对优势理论并未论及。这一问题留给了大卫·李嘉图,李嘉图应用比较优势理论,很好地解释了贸易基础与贸易所得。事实上,绝对优势理论可以看作是比较优势理论的一种特殊情况。

三、比较优势理论

大卫·李嘉图论证了决定国际贸易的基础是比较优势,而不是绝对优势。

(一)比较优势理论产生的背景

大卫·李嘉图是资产阶级古典政治经济学的完成者。李嘉图所处的时代,资产阶级的主要任务仍然是反对封建主义,他以科学态度,探讨了政治经济学中的许多重要问题。在国际贸易学说方面,提出了著名的比较优势学说,而且就货币、汇兑、国际分工、自由贸易等问题进行了深入研究,是国际贸易学说的集大成者。当然,他的学说主要是为英国资产阶级利益服务的。

(二)李嘉图比较优势理论的基本内容

现以两个国家为例进行介绍。李嘉图认为,如果甲、乙两个国家的生产力水平不等,甲国在任何产品的生产上其成本都低于乙国,劳动生产率都高于乙国,处于绝对的优势,而乙国则处于绝对的劣势。这时,甲、乙两国仍然可以根据"两优取强、两劣取弱"的原则进行分工,并通过国际贸易获得好处。因为两国劳动生产率的差异,并不是在所有产品上都一样,这样,处于绝对优势的甲国不必生产全部产品,而应集中生产本国具有最大优势的产品,处于绝对劣势的乙国也不必停止生产所有产品,而应生产劣势较小的产品,通过分工和自由交换,两国可以节约社会劳动,增加产品的产量,世界也会因为自由交换而增加产量,提高劳动生产率。

(三)比较优势理论的数学分析

现假设世界上只有甲、乙两个国家,它们均生产X、Y两种产品,其实行分工前后的情况如表1-6所示。

表1-6 比较优势理论下的国际分工

国家	国际分工前				国际分工后			
	X产品		Y产品		X产品		Y产品	
	劳动量	产量	劳动量	产量	劳动量	产量	劳动量	产量
甲国	1	1	2	1	3	3	0	0
乙国	6	1	4	1	0	0	10	2.5
世界	7	2	6	2	3	3	10	2.5

分工前,甲国生产1单位X产品需要1个单位劳动,而生产1个单位的Y产品需要2个单位的劳动。相比之下,乙国生产1个单位X产品和1个单位Y产品分别需要6个单位和4个单位的劳动。显然,甲国劳动生产率在X和Y产品的生产上均高于乙国。世界全部产出为4个单位,每一个国家分别获得1个单位的X产品和1个单位的Y产品。世界劳动总支出为13个单位,即甲国为3个单位,乙国为10个单位。根据两优取强和两劣取弱的原则进行分工后,由于甲国的比较优势在于生产X产品,因而

应集中生产 X 产品,放弃生产 Y 产品;乙国的相对优势在于生产 Y 产品,因而应集中生产 Y 产品,而放弃生产 X 产品。

分工后,甲国用原来全部 3 个单位的劳动去生产 X 产品,这时得到 3 个单位的 X 产品(3/1);乙国用原来全部 10 个单位的劳动去生产 Y 产品,这时可得到 2.5 个单位的 Y 产品(10/4)。甲国在保持专业化分工前 1 个单位 X 产品消费的同时,还可以用 2 个单位的 X 产品来换取乙国生产的 Y 产品进行消费;乙国则在保持专业化分工前 1 个单位 Y 产品消费的同时,还可以用 1.5 个单位的 Y 产品来换取甲国生产的 X 产品进行消费。贸易的基础在于利益的比较:以 X 产品为 Y 产品的价值衡量标准,乙国 Y 产品的劳动成本 4/6 小于甲国的 2/1;而以 Y 产品为 X 产品的价值衡量标准,乙国 X 产品的劳动成本 6/4 大于甲国的 1/2。这就决定了交换的基础,即甲国的优势在于 X 产品的生产,而乙国的优势在于 Y 产品的生产。

四、传统保护贸易理论

(一)关税保护贸易理论

关税保护贸易理论是由美国首任财政部长汉密尔顿提出来的。美国独立前在英国的殖民统治下,仅是英国初级产品的供应地和工业品的销售市场,经济发展比较落后。1776 年美国宣告独立后,面临两条道路的选择:一条是实行关税保护,独立自主地发展本国的工业;另一条是实行自由贸易,继续向英、法、荷等国出口小麦、棉花、烟草、木材等农林产品换取其工业品,以满足国内市场的需求。前者是北方工业资产阶级的要求,后者是南方种植园主的愿望。汉密尔顿站在北方工业资产阶级一边,于 1791 年向国会递交了《关于制造业的报告》,阐述了他的关税保护理论。

1. 关税保护贸易理论的主要内容

汉密尔顿的关税保护理论从保护和发展本国制造业出发,力主加强国家干预,实行关税保护政策。

汉密尔顿的理论是围绕制造业展开分析的。他认为制造业在一国的经济发展中具有极为重要的意义,主要表现在:一是可生产更多的机器供各行业使用,提高整个国家的机械化水平,促进社会分工的发展;二是可以吸收大批工人就业和国外移民迁入,加速美国的中西部开发;三是制造业能提供开创各种事业的机会,因而使个人才能得到充分发挥;四是制造业相当一部分投入品来自农业,这就保证了农产品销量和价格稳定,从而刺激农业发展。同时,汉密尔顿着重指出,美国工业起步晚,基础薄弱且技术落后,难以同西欧国家抗衡,在这种情况下实行自由贸易将断送美国工业,进而威胁到美国经济和政治上的独立地位。

据此,汉密尔顿认为,保护和发展制造业的关键在于加强国家干预,实行关税保护政策。其具体措施是:(1)向私营工业发放政府信用贷款,扶持其发展;(2)以高关税限制国外工业品输入,保护国内新兴工业特别是制造业的发展;(3)限制重要原材料出口,同时免税进口国内急需的原材料;(4)政府以发放津贴和奖金形式鼓励各类工业发展;(5)限制国内先进设备出口;(6)建立联邦检查制度,保证和提高工业产品质量。汉密尔顿的上述主张,虽然仅有一部分被国会采纳,但对美国政府的内外经济政策产生了重要和深远的影响。

2.关税保护贸易理论的简要评析

汉密尔顿的关税保护论对美国早期外贸政策的制定具有深刻影响。后来的事实证明,依据其理论制定的政策措施对于发展美国工业并增强其经济实力,起到了很大的积极作用。恩格斯也曾肯定了当时美国选择保护贸易道路的重要意义并指出:"假如美国也必须变为工业国……那美国面前摆着两条道路:或者以比它先进一百年的英国工业为对手,在自由贸易之下用五十年的功夫作牺牲极大的竞争战;或者实行保护贸易,在二十五年之内拒绝英国工业品进口。而在二十五年之后,美国工业在世界公开市场上能够居于强国的地位是有绝对把握的。"

从世界范围看,汉密尔顿的理论对于落后国家赶超先进国家也具有普遍的借鉴意义。它向人们昭示:一个落后国家在经济发展初期只有通过保护贸易政策来发展本国工业,才能取得成功。当然,在当时的历史条件下,汉密尔顿没有进一步分析关税保护的经济效应,忽视了关税保护对本国经济发展的消极影响,是其理论上的不足。尽管如此,汉密尔顿关税保护论的提出标志着保护贸易理论体系开始建立,因而在国际贸易理论发展中具有里程碑式的重要意义。

(二)幼稚产业保护贸易理论

幼稚产业保护论是由德国经济学家李斯特(Friedrich List)提出来的。李斯特所处时代的德国是一个政治上分裂、经济上落后的农业国,工业中工厂生产的比重很小,仍然是工场手工业和分散的小手工业占主导地位。经济发展水平不但远远落后于产业革命已经完成的英国、法国,而且与早已进入产业革命阶段的荷兰和美国等也存在相当差距。在这种情况下,李斯特受汉密尔顿关税保护理论的启发,于1841年在其代表著《政治经济学的国民体系》中提出了幼稚产业保护论。

1. 幼稚产业保护理论的主要内容

李斯特的保护幼稚产业论,主张经济落后国家应实行保护贸易政策,使其幼稚产业经过保护能够成熟,与国外竞争者匹敌。该理论的具体内容包括以下几个方面。

(1)保护的前提与目的。按李斯特的经济发展阶段论,只有已经进入农工业发展阶段的国家(例如美国和德国,可以把本国建成工业国家,只有由于世界上有一个比它更先进的国家的竞争使它在前进的道路上遇到阻碍),才有理由实行保护贸易政策,即保护的前提是一个国家正处于农工业发展阶段。与上述前提相适应,保护幼稚产业的目的是非常明确的,即通过保护国内市场以促进国内生产力的发展。这与重商主义的保护的目的是不同的,重商主义限制进口、鼓励出口的目的只是为了积累金银财富。

(2)保护的对象。李斯特认为,保护幼稚产业不是盲目保护一切产业,而是理性保护那些能增加国家物质财富,创造国民精神的产业。在他看来,工业具备这种能力。从经济角度来说,工业的优先发展,不仅创造了机器设备的制造力和物质资源的利用力,而且扩大了农产品的销售市场,为国家提供了巨大的财政收入;从文化角度来说,工业的发展,可以革除农业国怠惰、散漫、不思进取的国民陋习,培养人民勤勉劳作、积极创新、大胆探索的时代精神。李斯特提出选择保护对象应具备一些条件:①一国工业虽然幼稚,但没有强有力的竞争者时,不需要保护;②只有刚刚开始发展且有强有力的外国竞争者的幼稚产业才需要保护,即面临其他国家强有力的竞争而又无法与之相抗衡的新兴工业。李斯特认为保护时间最高期限为30年,也就是说,保护贸易不是保护落后和低效率。

(3)保护的手段。李斯特认为,保护国内工业的主要手段应该是关税措施。通过提高关税税率,可以阻挡国外具有较强竞争力的商品进入国内市场。但是,提高关税税率应当采用渐进的方式,因为突然大幅度提高关税会割裂原来存在的与各国之间的商业联系,对国内生产造成过大的冲击。

(4)保护的程度。李斯特认为,应针对工业部门中不同行业的具体情况采取程度不同的保护措施。他提出"对某些工业品可以实行禁止输入,或规定的税率事实上等于全部或至少部分的禁止输入",同时"凡是在专门技术与机器制造方面还没有获得高度发展的国家,对于一切复杂机器的输入应当允许免税,或只征收轻微的进口税"。

(5)对保护代价的认识。李斯特承认,实行保护贸易政策,会使国内工业品价格提高,本国在价值方面有些损失。但他认为这种损失是暂时的,是发展本国工业所必须付出的代价,牺牲的只是眼前的利益,而得到的将是生产力的提高。

2. 幼稚产业保护理论的简要评析

李斯特继承和发展了汉密尔顿的关税保护论,从国家利益和生产力发展角度进一步论证了保护贸易对落后国家经济发展的重大意义,并具体分析了保护关税制度的实施方法和步骤,从而形成了保护贸易的理论体系并确定了在国际贸易理论发展中的地位。

李斯特的理论不仅有力地推动了德国工业发展和经济实力增强,还对所有落后国家开展对外贸易具有启示意义:自由贸易只是依据现有的比较优势而进行,其结果只能是先进国家得利而落后国家蒙受损失。落后国家想要从根本上改变这一状况,只有着眼于提高本国的生产力水平来培育比较优势,在这一过程中国家利用关税保护是不可缺少的政策条件。

总之,李斯特的幼稚产业保护论反映了经济落后国家自主发展本国经济以提高国际竞争力的正当要求,不是主张消极的贸易保护,而是着眼于国家的长远利益和优势的动态发展,对不同生产部门且在不同时期实行不同的贸易政策。这就为经济落后国家指明了一条比较切合实际的发展道路,因此在国际贸易理论发展史上具有斐然的历史功绩。当然,李斯特的理论也存在一些问题,如他对于经济发展阶段的划分是不科学的,其生产力的含义过于宽泛,对自由贸易的分析有些偏颇等。然而,瑕不掩瑜,他的许多观点还是相当有价值的,直到今天对发展中国家如何制定贸易政策仍然具有重要的指导意义。

第四节 经济全球化下国际贸易的发展

经济全球化下,随着国际分工的不断深化和细化,国际贸易结构、贸易壁垒、贸易方式和国际贸易秩序等都出现了与以往不同的新特点。

一、经济全球化的含义与表现

经济全球化(globalization)是当今世界经济发展的一个显著

趋势。经济全球化主要表现为消费的全球化、生产的全球化和经济体制的一体化。

经济全球化首先表现为消费的全球化。消费全球化意味着商品和服务市场上国界的逐渐消失。各国的居民在本国内可以消费到他国的商品,同时也可以通过互联网在国际市场上直接进行消费。事实上,当今社会一个国家不可能生产本国消费的全部产品,也不会只消费本国的产品。

经济全球化的第二层含义是生产的全球化。指企业为降低生产成本,在全球范围内寻找便宜的资源和建立生产网络。例如,中国的汽车制造商不会只使用本国的生产要素,而会根据需要购买发达国家的技术,通过合资或在国外上市获得国际资本,聘用美国或德国的高级管理人员,同时使用中国的技术工人和普通劳动力,从而建立自己的全球化生产网络。这种生产的全球化也表现为一些行业的跨国跨地区转移,如为降低劳动力成本,一些企业将劳动密集型产品的生产转移到了劳动力价格相对低廉的发展中国家和地区。近年来外国直接投资和跨国公司的迅速发展也是生产全球化的表现之一。

生产全球化是消费全球化和竞争国际化的必然结果。全球化发展到一定阶段后,产品的价格会由世界市场的供求决定,成本的高低将成为决定企业竞争力大小的关键因素。产品的成本包括两个部分:管理成本和生产要素的投入。在管理成本一定的前提下,投入要素价格的高低就成了产品成本高低以及企业竞争力大小的决定因素。

经济一体化也是经济体制的趋同或一体化的过程。企业在国际市场上竞争要遵守共同的竞争规则。竞争规则标准化和竞争主体的规范化是一种必然趋势。经济全球化深入发展,各国企业要在国际市场上直接进行竞争,经济体制的差异就会成为经济发展中的重要问题。首先,各国企业都会采用最有效率的体制,否则就会在竞争中被淘汰。其次,各国企业会要求公平竞争,而公平竞争的基础是游戏规则的统一。多数国家已经接受国际竞争应该有一个统一的规则的观点,问题的关键在于什么样的规则才是公平的、有效的。从现实中看,各国经济体制的发展趋势是从计划走向市场,从封闭走向开放。被大多数国家和企业接受的是市场经济制度,在现有的制度中,市场经济体制仍然是资源配置的一种有效手段。

经济全球化仍然是世界经济发展的主流方向,主要表现在以下几个方面。

第一,国际贸易和国际投资的快速增长。1950年全球贸易额仅为1 130亿美元,2000年已达12万多亿美元,增长了将近100倍,排除通货膨胀因素,仍有15倍多,远超过全球GDP的增长速度。20世纪末,世界贸易总额已占全球GDP的40%左右,其中服务贸易占总贸易额的四分之一左右。1980年的国际投资额为5万亿美元,2000年已近8万亿,增长速度也很可观。

第二,区域经济一体化的加速发展。各国经济发展水平高低不一,全球范围的贸易和投资自由化是不可能在短期内实现的。一些条件成熟的国家和地区通过谈判实现区域范围内的贸易与投资自由化是经济全球化的可行道路。20世纪90年代以来,越来越多的国家组成或加入了区域性自由贸易区或区域经济共同体。

第三,跨国公司的迅猛发展。跨国公司在全球范围内建立其生产和营销网络,促进了生产和消费的全球化发展。20世纪末,跨国公司的贸易量已经占了全球贸易总额的50%～60%,其对外投资占国际投资的90%,它控制了世界工业生产总值的40%～50%。跨国公司的壮大既是经济全球化的结果,也是经济全球化发展的重要推动力量。

二、经济全球化对国际贸易发展的影响

(一)交易方式上出现网络化趋势

互联网的广泛应用给国际贸易带来深刻变化。网络经济的

发展使国际贸易网络化趋势得到进一步的发展。网络贸易即指交易各方借助互联网完成商品订购和销售。网络贸易以网络为平台,通过数字化技术将企业、海关、税务、运输、金融等有机连接起来,直接进行在线交易,实现一系列业务的自动化处理。网络贸易具备两个基本特征:第一,交易无纸化。买方和卖方以国际互联网为媒介获得信息、进行接触,通过电子邮件邀约和受约,这种新型的方式代替了传统的当面洽谈和书面签约。第二,电子付款。即通过电子银行在网络上进行资金的结算和转账等。网络贸易代表着国际贸易的发展趋势。网络贸易能够有效降低成本,因为活动中的交换信息、磋商交易、订立合同、付款交付等业务可以通过电子商务系统传输和处理,可有效节省资金和时间。在遍布世界各地的销售网络和用户资源中为贸易商寻找买主,销售产品,从而降低成本。

(二)贸易壁垒上出现技术化趋势

尽管长期的关税减让谈判及国际公共规则的建立和完善已使关税壁垒被削弱。但是,由于各国对贸易保护的需求,在传统贸易壁垒被削弱的情况下,贸易壁垒却通过变幻形式进入了更高的层次,出现了一系列新的贸易壁垒。新贸易壁垒指的是以技术壁垒为核心的包括社会壁垒和绿色壁垒在内的所有阻碍国际商品自由流动的新型非关税壁垒。新贸易壁垒的核心是技术,无论是技术壁垒还是绿色壁垒都通过设置一系列严格的技术标准来保护本国市场。新贸易壁垒具有双重性特点。一方面,新贸易壁垒有其合理、合法的一面。因为新贸易壁垒往往以保护生态环境,维护人类生命、健康为理由,符合世贸组织协议以不妨碍正常国际贸易或对其他成员方造成歧视为准的规定。然而另一方面,新贸易壁垒又往往以保护环境、维护消费者的利益为名行贸易保护之实,对某些国家的产品进行有意刁难,具有不合理之处。

(三)贸易规则上出现规范化趋势

国际贸易在发展过程中不断得到规范。随着知识型服务贸易、网络贸易和网络税收等新事物不断涌现,一国对外贸易更需要协调一致的贸易规范,国际贸易规范化向更完善的方向发展。一方面,新经济的发展使国际贸易已突破了货物贸易为主的局限,信息技术转让等知识性服务贸易日益成为国际贸易活动的主要内容。另一方面,世界贸易组织在各国贸易行为中发挥着强有力的监督作用。国际贸易规范化推动了世界贸易的发展。

第二章　国际贸易新理论

国际贸易的理论划分,实际上存在很大困难。国际贸易理论的创新和建立往往都是站在前辈的肩膀上,我们经常能够从一个理论之中找到其他理论的影子。因此,国际贸易理论严格来说是不可能进行划分的。作者在这里仅能按照学界的传统,对国际贸易的理论进行简单划分。

第一节　新古典国际贸易理论

新古典国际贸易理论是站在传统国际贸易思想的基础上,引入许多数学工具,对贸易三大问题的再次探讨。但遗憾的是,新古典国际贸易理论仍旧没有突破贸易三大问题。

一、威廉·陶西格的国际贸易理论

(一)理论假设

1. 对李嘉图的比较成本思想的修改

陶西格从实际情况出发,突破了李嘉图劳动时唯一生产要素的假设,把资本引入进来。他认为,生产成本不仅要包括劳动的报酬而且要包含资本的报酬即利息。如果两个国家生产不同商品时资本—劳动比例相同,利息也相同,那么利息就不会影响商品的相对价格,也不会影响比较利益的状况;而当两国资本—劳动比例不同而利息率的高低也存在差异时,则对于使用资本较多的商品而言，在利率较高的国家就会有较高的成本和较高的价格，而在利率较低的国家则会有较低的成本和较低的价格。因此，资本价格较低的国家就会获得价格的比较优势。

陶西格还修改了李嘉图关于劳动同质价格统一的理论。他认为一国劳动存在一个由低到高的价格体系。由于工资差异的存在，劳动者可以由低工资集团向高工资集团转移，同时劳动者转移速度受一国的非竞争集团的影响。若一国非竞争集团过大，将会增加劳动者转移的阻力，从而降低一国的国际贸易竞争力。

2. 规模收益不变的假设

陶西格还修改了李嘉图关于单位成本不变的假设。陶西格认为生产成本存在规模效益递增和规模效益递减的情况。生产成本递增和递减的情形对国际贸易具有重要影响。一地区生产某种货物会在规模效益的影响下有较大的成本优势。

3. 引入多种商品和货币

在李嘉图贸易模式的基础上，陶西格创建了多个产品和货币的贸易模式。他认为，国际贸易是以货币为媒介进行交换的，也会按照多种商品的比较成本原理进行，只不过其讨论更为严格。

陶西格建立这么多的假设，但在实际讨论过程中，他略去了利息和汇率的讨论，认为商品价格由货币工资决定。

(二) 陶西格的理论模型

陶西格认为生产费用差异存在三种不同形式：生产费用的绝对差、生产费用的均等差、生产费用的比较差。国家间的贸易模式会以这三方面的差异为基础来确定。

生产费用的绝对差导致的贸易格局可以用表 2-1 来说明。

表 2-1　生产费用的绝对差异导致的贸易影响示例表

项目 国家	每日工资	总工资	10 个劳动日产品	国内供给价格 （每磅或每码）
美国	1.5 元	15 元	铜 30 磅 麻布 15 码	0.50 元 1.00 元
德国	1.0 元	10 元	铜 15 磅 麻布 30 码	0.67 元 0.33 元

由表 2-1 可知，在德、美两国中，铜的国内价格美国低于德国，麻布的国内价格则是德国低于美国。于是美国将向德国出口铜，而德国向美国出口麻布，则贸易的发生对两国均有利。由此可以得出结论，生产费用的绝对差使得国际贸易发生，每个国家将生产其成本最低的产品，也就是利益最大的产品。

生产费用均等差而导致的贸易影响可以用表 2-2 来说明。

表 2-2　生产费用均等差异导致的贸易影响示例表

项目 国家	每日工资	总工资	10 个劳动日产品	国内供给价格 （每磅或每码）
美国	3.0 元	30 元	铜 30 磅 麻布 15 码	1.00 元 2.00 元
德国	1.0 元	10 元	铜 20 磅 麻布 10 码	0.50 元 1.00 元

从产量上看，美国无论在铜的生产还是在麻布的生产方面，跟德国相比均有绝对优势，并且其在两种产品的生产上优势是相同的。贸易前两国的物物交易条件相同，没有国际交易的必要，且贸易的发生没有纯利的存在。存在成本均等差情况下，进行国际贸易无利可图。

生产费用的比较差导致的贸易影响可以用表 2-3 来说明。

表 2-3　生产费用比较差异导致的贸易影响示例表

项目 国家	每日工资	总工资	10个劳动日产品	国内供给价格 （每磅或每码）
美国	1.5元	15元	铜 30 磅 麻布 20 码	0.5元 0.75元
德国	1.0元	10元	铜 10 磅 麻布 15 码	1.00元 0.66元

表 2-3 表明在两种商品的生产上，美国都优于德国，但程度不同。在铜的生产上，美国优势更为明显，产量比例为 30∶10，而在麻布生产上比例是 20∶15。这意味着美国在铜生产上有比较利益。德国在两种商品的生产上效能都比美国差，但在麻布生产上不利程度较低。美国工资与德国相比多 50% 时，美国将向德国出口小麦进口麻布。国际贸易产生并对德、美两国均有利。两国在此适宜的范围内，将各自生产其有比较利益的货物。

二、马歇尔的国际贸易理论

阿尔弗雷德·马歇尔受约翰·穆勒的思想影响，引入了对国际贸易的数学分析，用供给曲线描述了国际贸易条件的决定与变动。

（一）需求与供给共同决定国际贸易条件

1. 对外贸易需求和供给的一般关系

马歇尔重新分析了约翰·穆勒的相互需求方程后认为，"两个国家做交易时，哪一方都不能专与需求或专与供给有关。每个国家的需求的起因是其人们想从国外获得某些商品的愿望，而其供给的起因是它便于生产别国人们想要的东西。但一般来说，一国的需求只有得到对其供给的支持才引起贸易，只有当它需要外国货物时,其供给才有活力。所以每个国家的需求刺激另一个国家的供给,每个国家的供给使自己的需求有效。因此,尽管国际贸易问题一直被说成是'国际需求'问题,但也可以说它是'国际供给'问题"。① 最后,马歇尔总结国际贸易的供给与需求问题时认为,国际贸易是由供给和需求共同决定的,供给与需求相互依存。

2.国际贸易条件一般取决于需求弹性和需求强度

马歇尔认为贸易条件的确定不利于需求强度高、需求弹性小的国家,而有利于需求强度低、需求弹性大的国家。马歇尔通过一个案例假设说明了这个理论。他假设 E 国和 G 国具有相互需求,并处于均衡状态。如果 E 国对 G 国的需求增加,而 G 国对 E 国商品的需求却没有相应增加,E 国和 G 国之间的供需均衡状态就会打破,"国际贸易条件将有利于 G 国",而其具体程度则取决于两国之间需求的相对弹性。

但在一般条件下,贸易条件将按照这样的理论进行变动:"两国之中随便哪一国的需求越有弹性,如果另一国的需求弹性不变,则它的输出和输入的数量就越大,但其输出也就比其输入增加得越多,换句话说,贸易条件就对它越不利。"②

(二)提供曲线及其特征

1.提供曲线

提供曲线又称相互需求曲线,是指在不同价格条件下,一国愿意出口和进口的数量之交点的轨迹。提供曲线本身是由一个国家的供给(出口)、需求(进口)曲线合成的,即对应某一进口量愿意提供出口量的轨迹。图 2-1 是美国的提供曲线。

提供曲线的生成是在企业生产可能性曲线、商品无差异曲线,以及可发生贸易的各种不同相对价格推导出来的。

---

① 马歇尔.货币、信用与商业[M].北京:商务印书馆,1986,第 192 页
② 马歇尔.货币、信用与商业[M].北京:商务印书馆,1986,第 244 页

第二章 国际贸易新理论

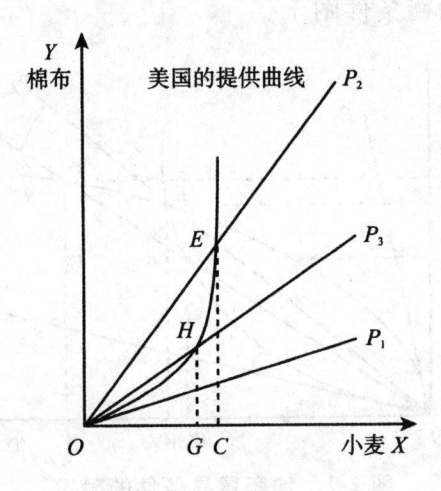

图 2-1 美国的提供曲线

分析美国提供曲线的特点可以发现,各国的提供曲线凸向代表本国具有比较优势产品的坐标轴,表示相对价格对本国越来越有利。这一点用歇尔的供求价格论解释,原因有二:一是出口产品边际机会成本递增;二是进口产品的边际效用递减。

对一个国家来说,一方面,随着出口的大量增加,就要增加出口产品的产量,从而提高产品生产的边际机会成本,这就要求该国固定数量的出口产品应交换回更多的进口产品,该国才能继续扩大贸易;另一方面,由于该国产品用于出口的数量不断增加,该国产品用于消费的数量就要减少,国内产品单位效用就要增加,这就决定了该国出口同样数量的产品必须换回更多的进口产品,才能使他继续扩大贸易量。当然,出口增加还会造成其他隐性成本的增加,从而使该国必须要用单位该产品换回更多进口产品。

2. 以提供曲线表示的均衡贸易条件

如果把两个不同国家的需求曲线合并在一张图上,它们就会相交于一点。因为两条曲线在原点有不同的斜率,即两国国内的均衡价格存在差异,它们总会在某处相交,两国国内均衡价格不同就为贸易提供了基础,通过它们的交点的贸易条件曲线表明实际的贸易条件或均衡的交换比率。图 2-2 是美国与英国的提供曲线导出的贸易均衡条件图示。

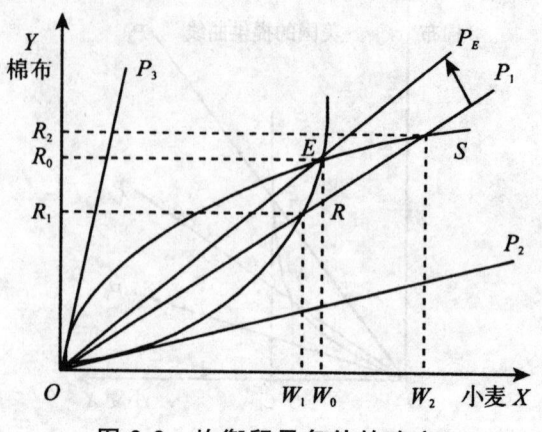

图 2-2 均衡贸易条件的确定

3. 提供曲线的移动

供给或需求发生变动的话，一国的出口供给曲线就会发生变动。从需求方面看，引起提供曲线转移的主要原因有消费偏好、收入水平、需求构成的改变等等。从供给方面看，造成提供曲线转移的主要因素有资源总量、技术水平和要素生产率的变化等等。需求或者供给的单独变化都会引起提供曲线的变动。

由供求变动使得提供曲线移动时，将会产生两种效应：一是贸易条件效应；二是贸易数量效应。

首先从需求的角度分析提供曲线变动的两种效应。由需求变动引起的提供曲线变动可分为两种情况：一种是国内对出口商品的需求增加；另一种是国内对进口商品的需求增加。

下面将以英美两国为例进行分析，如图 2-3 所示。假定 0 期的贸易条件为 P_0，贸易均衡点为 E。当英国对小麦的需求降低，只愿意用比以前更少的棉布来交换一定量的小麦。因此，英国的提供曲线将由 OB 移动至 OB_1，两国之间的贸易失衡。而美国的供求情况没有变化，英国的供求情况将转换为 F 点。在这一点，英国进口小麦的数量减少，供给棉布的数量也减少，必然导致小麦供大于求，棉布供小于求。小麦和棉布的交换条件将会变化，棉布的相对价格上升，贸易条件将发生移动，至 P_1 点。

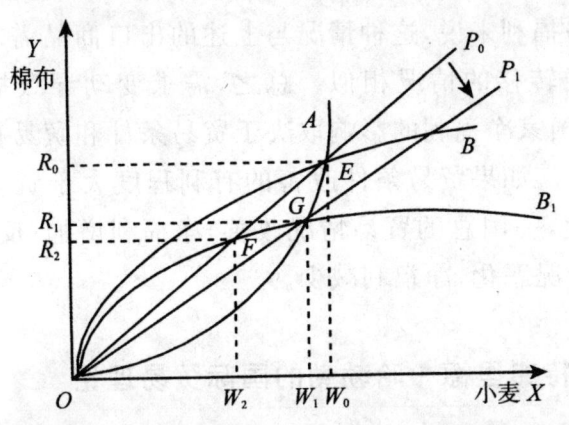

图 2-3　英国对出口商品国内需求增加引起的提供曲线转移

由于英国国内对出口商品需求的增加,提供曲线由 OB 移动到 OB_1 后,将产生两种效应:一是贸易数量减少,其贸易组合由 E 点减少到 G 点,这降低了英国的福利水平;二是贸易条件改善,由 P_0 变为 P_1,这又增加了英国的福利。而英国净福利增加的水平取决于这两者力量的比较。

再分析需求变动的另一种情况,即国内对进口商品需求增加时的情况。假定美国对棉布的需求增加,愿意用更多小麦换棉布。这导致美国的提供曲线,由 OA 移动至 OA_1。因此,两国的贸易条件将失去平衡。在国际市场上,小麦供大于求,棉布供小于求,棉布的相对价格上涨,贸易条件相应地向右移动至 P_1,两国贸易在 G 点恢复均衡,如图 2-4 所示。

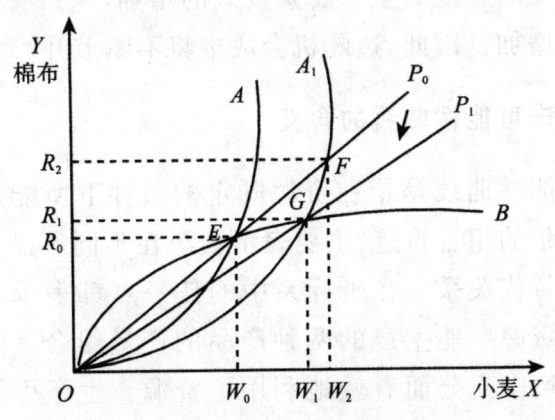

图 2-4　美国对进口商品需求增加引起的提供曲线转移

就贸易福利来说,这种情况与上述的出口商品需求增加导致的提供曲线转移的情况相似。总之,需求变动导致提供曲线移动,对某个国家净福利的影响取决于贸易条件和贸易量两者变动程度的比较。如果贸易条件改善的有利程度大于贸易数量缩减的不利程度,一国总的贸易情况改善,净福利增加;反之,则一国总的贸易情况恶化,净福利减少。

三、哥特弗里德·哈勃勒的国际贸易理论

哥特弗里德·哈勃勒的国际贸易理论特殊性在于它将经济学中的机会成本引入进来,提出了生产可能性曲线。机会成本是指经济主体为了得到某种东西所必须放弃的东西。机会成本的引入使国际贸易理论有宏观与微观紧密结合。

从动态的角度分析机会成本,可以将机会成本划分为不变边际机会成本和递增边际机会成本两类。不变边际机会成本是指增加任一单位某产品的生产所必须放弃的另一种产品数量均相同。不变边际机会成本是建立在生产要素单一且同质的假设前提下,在实际情况中极为少见。递增边际机会成本是指随着一种产品产量的增加,每增加一单位该产品的生产,必须牺牲的另一种产品的数量越来越多。边际机会成本递增是和边际生产成本递减规律相关的。随着生产要素投入的增加,生产另一产品的数量也会不断增加。因此,边际机会成本将不断上升。

(一)生产可能性曲线的含义

生产可能性曲线是指在资源既定的条件下所能达到的两种产品最大产量的组合轨迹,主要表示资源在不同产品生产中的分配所形成的替代关系。在坐标系中的任一点都表示了这个国家可充分利用资源所能生产的两种产品的产量组合。曲线上的各点表示在生产中充分而有效地利用了资源。生产可能性曲线上点的斜率表示增加生产一单位的某商品所必须牺牲另一种商品

的数量。

(二)机会成本不变时的生产可能性曲线分析

当边际机会成本不变时,两种产品的生产可能性曲线是一条直线,如图2-5所示。这一情况仅仅出现在李嘉图单一同质的劳动生产要素理论之中。

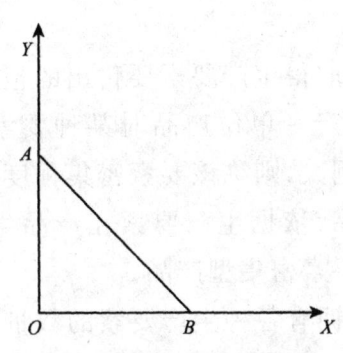

图 2-5 生产可能性曲线(边际机会成本不变)

(三)机会成本递增时的生产可能性曲线

而当两种产品的边际机会成本递增时,这两种产品的生产可能性曲线则是一条凹向原点的曲线,如图2-6所示,这种情况比较符合现实。

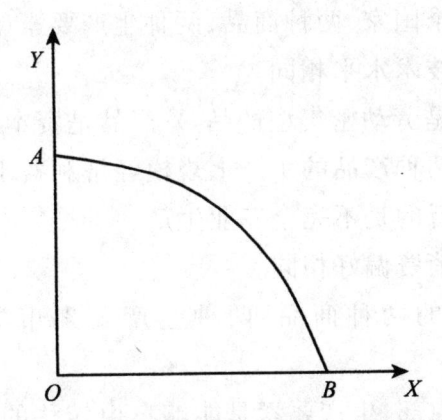

图 2-6 生产可能性曲线(边际机会成本递增)

四、赫克歇尔和俄林的要素禀赋理论

(一)要素禀赋理论的相关概念

生产要素:生产产品时所必须具备的主要因素,或在投入或使用中要采取的主要手段。

生产要素价格:取得生产要素要付出的报酬。

要素密集度:生产一单位产品时某种要素所占的比例大小。如果某要素投入比例大,则称该要素密集程度高。

要素密集型产品:依据生产要素在产品生产中的比例不同,把产品分为不同的要素密集型产品。

要素禀赋:一国拥有各种生产要素的数量。

要素丰裕:一国生产要素的供给在国际上所占比例远大于别国同种比例,价格上也远低于别国同种要素的相对价格。

(二)要素禀赋思想的基本假设

要素禀赋思想基于一系列简单的假设前提,包括以下九个主要方面。

(1)只有两个国家、两种商品、两种生产要素(劳动和资本)。

(2)两国的技术水平相同。

(3)X产品是劳动密集型产品,Y产品是资本密集型产品。

(4)两国在两种产品的生产上规模经济利益不变。

(5)两国进行的是不完全专业生产。

(6)两国的消费偏好相同。

(7)在两国的两种商品、两种生产要素市场上,竞争是完全的。

(8)在各国内部,生产要素是能够自由转移的,各国间生产要素是不能自由转移的。

(9)假定没有运输费用,没有关税或其他贸易限制。这意味着生产专业化过程可持续到两国商品相对价格相等为止。

(三)赫克歇尔与俄林的要素禀赋理论内容

1. 赫克歇尔的要素禀赋思想

赫克歇尔的要素禀赋理论主要从成本的角度考虑国际贸易发生的可能性。他认为,导致国际贸易发生的比较成本差异前提条件主要有两个:一是两国具有不同的要素禀赋,二是不同产品生产过程中需要使用的要素比例不同。在他于1919年发表的题为《国际贸易对收入分配的影响》一文中,赫克歇尔指出:"只有当贸易能给参与贸易者带来更大的利益时,贸易才能展开并得以继续下去。"也就是说,利之驱动方有国际贸易。这个"更大的利益"源于"一国通过生产他种商品并且将之同本国所需的此种商品相交换这种间接的方法,比自己直接生产该种商品能够更为顺利地满足本国的需求"[①]。

赫克歇尔提出了建立在相对资源禀赋情况和生产中要素比例基础上的比较优势思想。他还从这一点出发,进一步推断出国际贸易对要素价格的影响。

2. 俄林的要素禀赋思想

俄林的要素禀赋理论与赫克歇尔之间的不同就在于俄林把"空间"(Space)作为一个重要的要素。他认为,由于空间的存在,一些生产要素的自由移动产生了运输和其他障碍阻碍了生产要素的自由移动。

俄林大概接受了教育心理学的多元智能理论,认为人们在个人能力上天生存在差异。在这个基础上,他将对个人经济行为的分析推演至国家的经济行为。各国因为地理条件和社会条件的限制,最适合与运用相对丰裕的要素,最不适合于运用量最小的生产要素。俄林把这归结为生产要素的原因。俄林认为:"区域

[①] [瑞典]E.赫克歇尔.对外贸易对收入分配的影响[A].美国经济学会编印.国际贸易理论文集[C],1949,第274—275页

或国际贸易发生的直接原因是商品价格的国际绝对差异。商品价格的国际绝对差异是指同种商品价格用相同货币表示时仍存在差异。而商品价格的国际绝对差异又是因为商品的地区或国家的价格相对差异产生的,这种商品价格的相对差异就是由上述决定供求关系的四种具体因素构成的。后面的条件,即到处相同的物质界的自然的不变的物质,在适当考虑生产要素价格的情况下,决定生产要素的结合,也就是技术过程,从而影响对商品的需求转化为对这些生产要素的需求。"①

俄林在分析和阐述要素禀赋时有着以下严密的逻辑思路。

(1)商品价格是国际贸易发生的直接动力。在不存在运输费用的前提下,价格较低国家的商品会受利益的趋势向价格较高国家进行运输。

(2)商品价格的国际绝对差异是由生产要素相对价格的差异决定的。

(3)要素相对价格的差异是由要素相对供给不同决定的。

(4)各国商品价格比例不同是国际贸易产生的必要条件。

通过严密的分析,俄林得出了结论:"贸易的首要条件是某些商品在某一地区生产要比在另一地区便宜。在每一个地区,出口品中包含着该地区比在其他地区拥有的较便宜的相对大量的生产要素,而进口别的地区能较便宜地生产的商品。简言之,进口那些含有较大比例生产要素昂贵的商品,而出口那些含有较大比例生产要素便宜的商品。"②

总之,在俄林的理论中,要素禀赋仍是国际贸易产生的重要动力。生产要素禀赋的差异导致了商品价格差异,从而导致国际贸易。而空间则为产品的国际流动增加了一些障碍。

---

① [瑞典]俄林.地区间贸易和国际贸易[M].北京:商务印书馆,1986,第11页

② [瑞典]俄林.地区间贸易和国际贸易[M].北京:商务印书馆,1986,第15页

(四)要素禀赋与贸易模式

1. 要素禀赋差异与相对供给差异

要素禀赋是造成国家产品生产的重要因素。赫克歇尔和俄林假设具有不同生产要素禀赋的国家按照各自的差异,最终造成它们生产 X 和 Y 两种商品能力的不同,从而引起供给能力的不同。

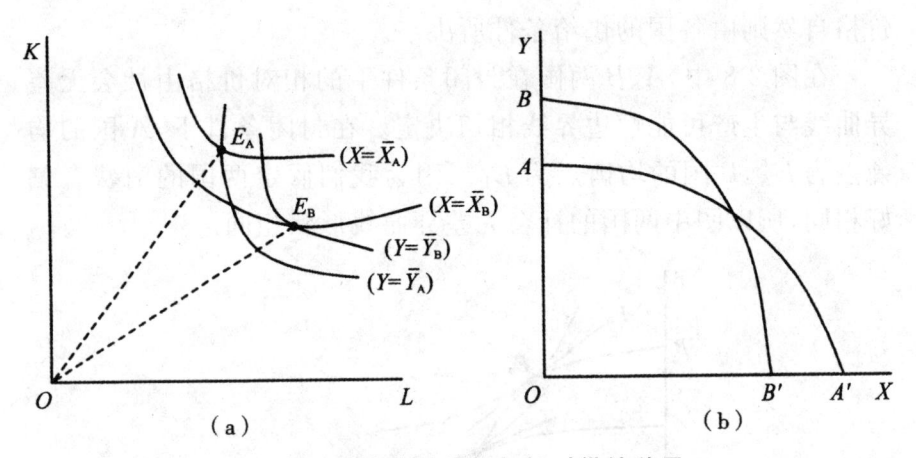

图 2-7 要素禀赋差异与相对供给差异

在上图中,赫克歇尔和俄林假设了 A 和 B 两个国家,A 国资本要素相对丰裕国家,B 国是劳动要素相对丰裕国家。资本和劳动是构成两个国家生产产品 X 和 Y 的基本要素,其中 X 是资本密集型产品,而 Y 是劳动密集型产品。

如图 2-7(a)所示,E_A、E_B 代表了 A 国和 B 国的要素禀赋点。对 A 国来说,当所有生产要素全部用于 X 部门时,所生产出的 X 的数量等于图 2-7(a)中通过 E_A 点的 X 等产量曲线所代表的产出水平——X_A;当所有生产要素全部用于 Y 部门时,所生产的 Y 的数量等于通过 E_A 点的 Y 等产量曲线所代表的产出水平——Y_A。据图 2-7(a)可以导出图 2-7(b)中的生产可能性曲线。

从图 2-7 中,我们可以看出,在生产条件相似的情况下,生产要素禀赋造成了 A、B 两国的生产可能性曲线的不同。因此,可以得出这样的结论,要素丰裕是造成国家提供要素密集型产品的重要因素。

2.封闭条件下的相对价格

根据前面的假设,两国需求条件相同,因此价格由供给决定。因为两国的生产函数也相同,因此供给又有要素禀赋决定。由此可以得出结论,两国的要素禀赋决定了两国的产品价格。两国相对价格差异则由两国的要素禀赋差异引起。

在封闭条件下,由于两国需求基本相同,需求与供给决定的价格自然则由各国的供给条件所决定。

在图 2-8 中,A、B 两国在封闭条件下的相对价格由社会无差异曲线与生产可能性边界线相切决定。在封闭条件下,A 国的均衡点为 E_A,B 国的均衡点为 E_B。因为我们假定两国的消费者偏好相同,所以图中两国的社会无差异曲线形状相同。

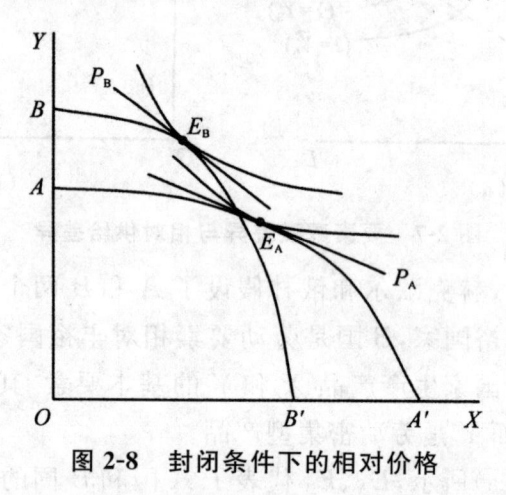

图 2-8　封闭条件下的相对价格

第二节　现代国际贸易理论

现代国际贸易理论与当代国际贸易理论之间的划分着实存在一些问题,作者与一些同行之间进行了很多讨论也没有确定下来,因此只能妄自以时间为限,自第二次世界大战结束至 20 世纪 80 年代之前所提出的理论都可划分为现代国际贸易理论。

这个时期的突出特点就是技术进步十分迅速,跨国公司急速扩张。因此,作者选取了技术差距与产品生命周期理论和生产要素流动理论。

一、技术差距思想与产品生命周期思想

(一)技术差距理论

1. 主要观点

技术差距论是由美国经济学家波斯纳在1961年的《国际贸易和技术变化》一文中首先提出的,后由其他经济学家进一步论证。

大量发生在工业化国家之间的贸易是建立在新产品和新的生产方法发明的基础之上的。由于对专利和商标的保护,使得新产品发明国在世界市场上暂时处于垄断地位,成为主要生产和出口国。其他国家模仿新产品存在技术差距,需要一段时间才能实现。新产品的发明国一般是技术最先进的国家,但是随着技术转移,其他国家开始模仿,创新优势逐渐丧失,出口下降,甚至可能进口该产品。技术先进国家又开始生产和出口更新的产品,外国生产者又开始模仿。

技术变化的动态因素往往更加重要。如果技术经历了彻底的改变,就会产生新的产品。创新国的比较利益往往产生于新产品进入国际市场的初期。随着技术创新的不断进步,别国对该产品的消费仍需通过进口得以满足,技术差距将持续存在。

2. 技术差距或滞后的分类

波斯纳根据理论的实际情况,把技术差距或滞后分为需求滞后、反应滞后、掌握滞后和模仿滞后,如图2-9所示。

需求滞后是指创新国在国际市场上提供新产品后,其他国家消费者从没有产生需求到逐步认识到新产品的价值而开始进口的时间间隔。从当代经济发展的情况来看,这一时间取决于创新

国的技术推广力度。

反应滞后是指新产品在创新国生产以后被推广到模仿国至模仿国决定自行生产的时间。决定反应滞后的因素有多种,其中最主要的因素是模仿国的需求滞后时间,另外还和模仿国的需求弹性、灌水、运输成本等因素相关。

掌握滞后始于需求滞后是指模仿国决定模仿到生产技术水平达到创新国的时间间隔。从创新国的角度说,这个时间的决定因素在于创新国技术转移的程度和时间,从模仿国的角度说,这个时间还和模仿国的需求强度以及模仿国的人员素质水平等有关。

模仿滞后是指创新国制造出新产品到模仿国能完全仿制这种产品的时间间隔。模仿滞后由反应滞后和掌握滞后所构成。

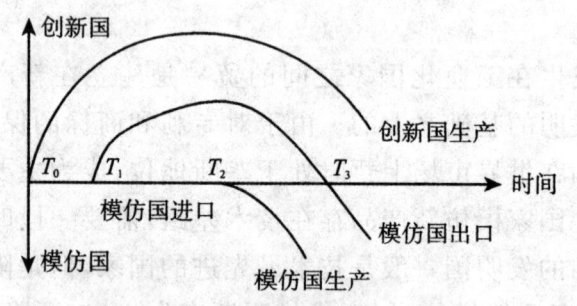

图 2-9 技术差距理论模型图

(二)国际贸易的产品生命周期理论

产品生命周期是一个营销概念,是指产品的投入、成长、成熟和衰退等阶段。产品生命周期理论由美国经济学家弗农于 1966 年在《经济学季刊》5 月号上发表的《生命周期中的国际投资与国际贸易》一文中首先提出的,随后又由其他经济学家进行了完善。

1. 产品生命周期模型

弗农产品生命周期理论是建立在波斯纳技术创新理论的基础上的。他把波斯纳的创新国与模仿国的概念分为三类国家,分别是技术创新国家,如美国;工业发达国家,如日本;发展中国家,如中国。这三类国家在国际贸易的过程中有不同的优势。技术创新国家在技术和资本上比较充裕,工业发达国家则在资本上相对充裕,发展中国家在劳动力上十分充裕。弗农在要素禀赋理论的基础上,认为产品也和有机物一样,存在着产生、发展、成熟、衰退和消亡的过程,随着技术的扩散,产品一般也要经过新生期、成长期、成熟期和衰退期。根据产品生命周期各阶段的不同特点,新产品的产品生命周期可以分为五个阶段:新产品阶段、产品成长阶段、产品成熟阶段、标准化阶段、创新国退出阶段,见图 2-10。

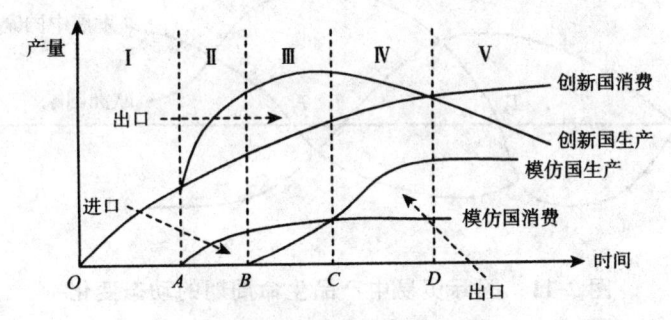

图 2-10 产品生命周期理论模型

在新产品阶段,新产品未定型,仅仅在创新国生产和消费。

在产品成长阶段,创新国对新产品进行了完善,不断满足国内外市场的需求,产量和销量提高迅速。在这一阶段,工业发达国家和发展中国家都不能生产该类产品,创新国获取较大利润。产品的出口也仅仅是面向工业发达国家。

在产品成熟阶段,创新国为新产品定型新产品生产的技术标准,开始标准化生产,模仿国开始模仿并自行生产,但仍需进口新产品。在这一时期,其他发达国家的厂商的新产品在本国市场上能与美国的产品相抗衡,故减少进口规模。

在标准化阶段,其他发达国家的产品参与新产品的出口市场竞争。其他发达国家生产新产品以后,销路逐渐打开,市场不断扩大,取得了大规模生产的经济效益,成本进一步下降。发展中国家在劳动力成本上更具优势,将持续扩大产品的生产。创新国在这一领域的生产持续下降。

在创新国退出阶段,创新国成为该产品的进口国,又致力于新的技术革新并推广新产品。

2. 产品生命周期的动态变化

新产品的生命周期在创新国结束,但其他生产这一产品的发达国家可能处于周期的第三或第四阶段。同时,发展中国家很可能在国内开始生产这种产品,并逐渐向发达国家增加出口。这种新产品的生命周期,在生产国之间呈波浪式推进。

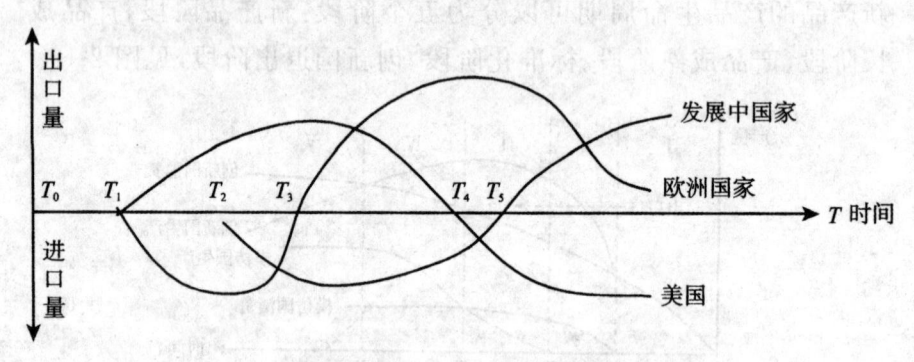

图 2-11 国际贸易中产品生命周期的动态变化

图 2-11 说明了三个类型国家产品的生命周期变化。由此图可以总结产品的生命周期特点如下。

第一,生产要素动态变化。工业制成品的生产要素随产品在不同国家生命周期的变化而动态转移。在不同的阶段,三类国家生产产品的生产要素随着产品的技术研发阶段而发展变化。该产品产业从技术密集型转化为劳动密集型产业。

第二,贸易国比较利益的动态转移。随着生产技术的提高,比较优势在各国之间快速转换。生产某些产品具有比较优势,这些国家一方面可以把处于生命周期早期阶段的产品出口到欠发达国家,另一方面又可以把处于后期阶段的产品出口到比他们发达的国家。

二、生产要素流动理论

生产要素的国际流动与国际商品贸易在经济方面具有相似性,但在政治背景上却有较大差别。就整体而言,与国际商品贸易相比,生产要素的国际流动引起的政治问题更多,受到的约束也更强。国际商品贸易与生产要素的国际流动也有紧密的联系。

(一)资本国际流动理论

1. 垄断优势理论

海默第一个指出利率不能解释对外直接投资。他以不完全竞争为假设前提分析了跨国公司的对外直接投资。任何关于跨国经营和直接投资的讨论都涉及垄断问题,而垄断优势是市场不完全竞争的产物。海默指出跨国公司对外直接投资必须具备两个条件:一是企业必须拥有垄断优势,以抵消与当地企业竞争的不利因素;二是不完全竞争市场的存在,以使企业拥有和保持这种垄断优势。

金德尔伯格进一步分析了市场结构的不完全和垄断优势。他认为跨国直接投资的垄断优势主要来源于四个方面:一是源自于产品市场的不完全;二是源自于资本和技术等生产要素市场的不完全;三是源自于规模经济引发的市场不完全;四是源自于政府课税、征收关税等对进出口限制的措施引发的市场不完全。

2. 对外直接投资的产品周期思想

在产品生命周期思想提出后,弗农又于1974年发表了《经济活动的区位》一文,修正了产品周期思想,强调跨国企业的寡占行为对产品周期的影响,并相应分为三个阶段,分别是:创新寡占、成熟寡占和老化寡占三个阶段。

创新寡占阶段仍然坚持产品周期第一阶段的基本特点,即国内市场条件是产品创新的关键因素。在成熟寡占阶段,产品和地区的战略将取决于其他寡头企业的行动和反应,研究与开发、生产和市场购销方面的规模经济构成了竞争对手的市场进入障碍。在老化寡占阶段,企业面临着强大的竞争压力,生产区位的选择更多地取决于成本,而不是毗邻市场或寡占反应。

修正的产品周期理论把东道国的区位优势与企业的所有权优势结合起来,揭示了对外直接投资的动因和基础不仅取决于企业拥有的特殊优势,而且取决于企业在东道国所能获得的区位优势。

3.比较优势投资理论

日本经济学家小岛清在其他国家资金流动的基础上创立了比较优势投资理论。他认为,"对外直接投资应该从本国(投资国)已经处于或即将陷于比较劣势的产业——可称为边际产业——依次进行。"从微观角度看,直接投资可使投资者获得更为丰富的利润。从宏观角度看,直接投资将为东道国提供其缺乏的资本、技术和管理知识,促进当地其他生产要素的合理利用,推动东道国的技术进步和经济增长。小岛清在这一基本命题的基础上,得出了以下重要推论。

推论一,国际贸易与对外直接投资的综合思想可以建立在比较优势思想的基础上。

推论二,"边际产业"的概念可以扩大,更一般地称之为"边际性生产"。

推论三,对外直接投资产业转移的顺序是:在投资国和东道国之间"从技术差距最小的产业依次进行移植",同时,"由技术差距较小的投资国的中小企业作这种移植的承担者"。

(二)劳动力国际流动理论

1.人口转移的"推—拉"理论

系统的人口转移"推—拉"思想是由唐纳德·博格于20世纪50年代末提出的。他认为,在市场经济条件下,人口迁移和移民搬迁的原因在于人们可以通过搬迁改善生活条件。因此,人口流动是两种不同方向的作用力相互作用的结果:一种是有利于人口流动的正面作用力,称之为"推力";另一种是阻碍人口流动的作用力,称之为"拉力"。人口流出地的"推力"的因素主要有自然资源枯竭、农业生产成本增加、农村劳动力过剩导致的失业、较低的经济收入水平等。人口流出地"拉"的因素则主要有家人团聚的欢乐、熟悉的社区环境、在出生地和成长地长期形成的社交网络等。但比较而言,流出地的"推力"比"拉力"要大,占主导地位。在人口流入地的"拉力"则主要是较多的就业机会、较高的工资收入和生活水平、较好的受教育机会、较完善的文化设施和交通条件、较好的气候环境等。人口流入地"推"的因素则主要是流动可能带来的家庭分离、陌生的生产与生活环境、激烈的竞争、生态环境质量下降等。综合来看,流入地的"拉力"比"推力"更大,占主导地位。

2. 刘易斯"古典"劳动力流动模型

刘易斯是二元经济学家,他从二元经济结构的角度阐述了"古典"劳动力流动模型。1954年,他发表了《劳动无限供给条件下的经济发展》一文,指出在发展中国家存在着两个截然不同的经济部门:资本不断增长的部门和资本仅够维持生计的部门。维持生计的部门边际劳动生产率很低,或等于零,或者为负数,因此存在大量的剩余劳动力,其收入主要来源于为资本不断增长部门提供劳动的工资。资本不断增长部门是发展中国家经济发展的主要动力。只要这个部门需要,就可以不断从农村获得无限劳动力。因此,随着资本不断增长部门的生产不断扩大,吸引越来越多的维持生计部门的剩余劳动力,一方面促进经济增长,另一方面则使两个部门的边际劳动生产率趋于相近,最终使得二元经济变成为一元经济,如图 2-12 所示。

刘易斯的劳动力流动模型被引申到国际贸易之中以后,将变成为劳动力剩余国家劳动力大量向发达国家流动,促进两个国家的边际劳动生产力水平提高和下降,从而促进国际贸易。

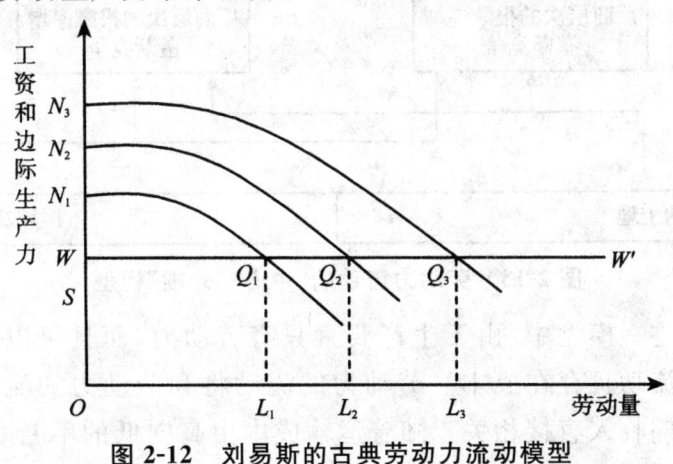

图 2-12 刘易斯的古典劳动力流动模型

3. 克鲁格曼的劳动力流动与中心—外围模型

克鲁格曼对刘易斯的二元经济模型进行了改造,确立了劳动力对区域间工资差异或实际收入水平的劳动力区域流动模型。他假设存在两个不相同的区域,各存在两个部门,分别是制造业部门和农业部门。如图 2-13 所示,区域 1 的制造业部门有 N_1 个厂商,区域 2 制造业部门有 N_2 个厂商,每个厂商都在报酬递增的条件下生产差别化产品,制造业厂商生产的产品替代弹性为 ε。消费者的收入为 $1-\delta$ 部分消费农产品,δ 部分用来消费制造业产品。所消费的产品可能来自本区域也可能来自另外一个区域。如果跨区域消费产品则需要付出运输成本,运输成本采用"冰山交易"技术手段进行处理。消费者的偏好具有差异化的特征,必定消费另外一个区域的产品,农产品无差别。制造业厂商需要投入的生产要素是劳动力,厂商生产存在规模报酬递增。

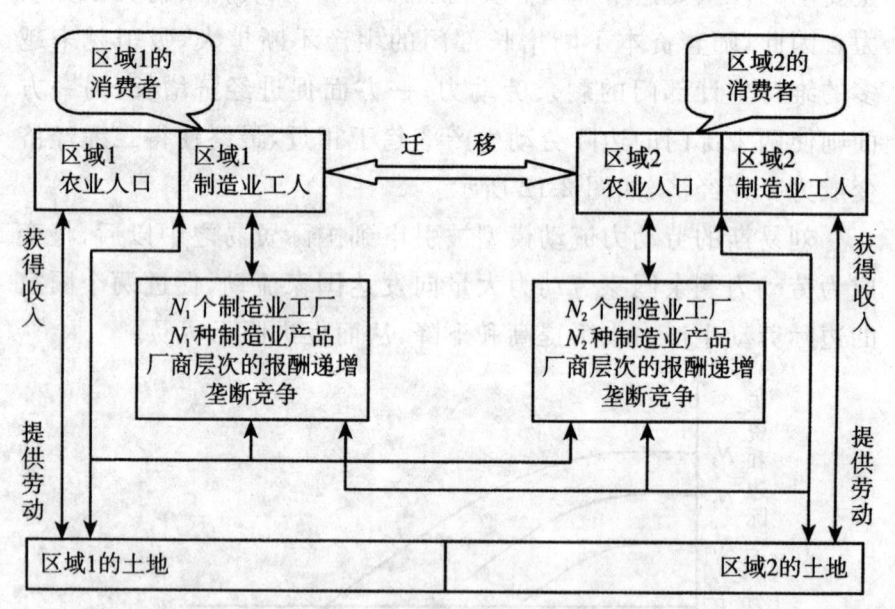

图 2-13 劳动力流动的"中心—外围"模型

在这一模型中,由于生产要素只有劳动力,而且可以在区域间自由流动且存在成本。劳动力的流动将和劳动力的流动成本以及预期收入直接相关。随着运输成本由高向低的不断变化,将

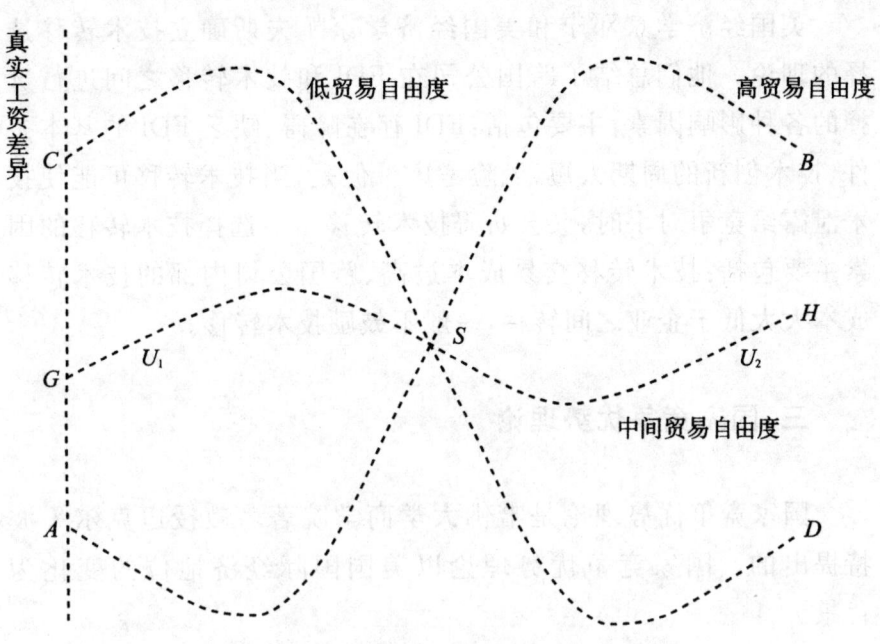

产生经济活动空间分布的不同模式,如图 2-14 所示。

图 2-14　不同贸易自由度情况下的均衡

(三)国际技术转移理论

关于技术转移,学术界尚未有准确的定义。布鲁克斯认为,技术转移是人类科学技术活动传播的结果。联合国贸发会议在《国际技术转移行动守则》中指出,技术转移是关于制造某种产品、应用某项工艺流程或提供某种服务而转移系统的知识。作者认为,技术转移在本质上是一种科学技术发展的文化传播活动,因为存在国际贸易的因素而被认定为是一种经济活动。

关于技术转移,实际上前文已经交代过,波斯纳的技术差距理论中已经包含了技术转移的观点。在波斯纳理论的基础上又有许多经济学家做出了新的探讨。如克鲁格曼创立了一般均衡条件下的产品周期贸易模式。他把资源配置、世界收入分配和技术综合起来进行考察,认为技术在发达国家创新以后,由发达国家出口新技术,模仿国家进行模仿,实际上造成了世界财富的共同创造。以技术差距支配的世界分配格局将会持续支持发达国家进行创新,因此技术差距将长久保持。

英国经济学家邓宁和美国经济学家凯夫斯确立技术转移选择的理论。他们总结了跨国公司在 FDI 和技术转移之间进行选择的各种影响因素,主要包括:FDI 存在障碍、缺乏 FDI 的基本条件、技术创新的周期太短、风险考虑。但是,当技术转移可能使技术泄露给竞争对手时,又会妨碍技术转移。不选择技术转移的因素主要包括:技术转移交易成本过高、跨国公司内部的技术转移成本大大低于企业之间转移,一般不鼓励技术转移。

三、国家竞争优势理论

国家竞争优势理论是哈佛大学商学院著名教授迈克尔·波特提出的。国家竞争优势理论以美国国际经济地位的变化为背景。

学术界关于国际竞争盛衰的说法有四种:一是把国家竞争优势看成是由汇率、利率、政府赤字等变量所驱动的总体经济现象;二是认为国家竞争优势源自于廉价与充沛的劳动力;三是把竞争力与国家资源丰富与否画上等号;四是认为国际竞争的盛衰是因为各国管理模式有所差异。

迈克尔·波特教授在 1983 年开始致力于研究美国的竞争力问题。经过一年多的研究以后,波特认识到美国各界缺乏对"竞争力"的共同认识。企业认为竞争力是全球化战略在世界市场中竞争的能力;国会议员看待竞争力是国家在进出口贸易上的顺差;经济学家认为竞争力是汇率变动、调整而形成的低廉单位劳动力成本。[1] 波特综合了这些人的看法,确信,"在企业竞争的成功问题上,国家环境确实扮演了关键角色,而有些国家所提供的环境似乎比其他国家更能刺激产业进步和升级,由于'国家'这个

---

[1] [美]迈克尔·波特著;李明轩,邱如美译.国家竞争优势[M].北京:华夏出版社,2002,"自序"第2页

因素可以凸显竞争优势是如何被创造出来并得以保持的,所以了解国家在国际竞争中的角色,对企业和政府部门都有益处"[①]。

在这个观念之下,波特于1990年出版了《国家竞争优势》一书,提出了著名"钻石体系"的国家竞争理论。

(一)钻石体系

迈克尔·波特认为比较优势理论中关于生产要素的理论已经过时,取而代之的是国家良好的环境在竞争力之中的巨大优势。波特认为一国竞争优势的根本在于该国是否形成了有效的创新机制和充分的创新能力,这是提高该国劳动生产率的源泉,也是形成该国竞争优势的根本。"国家是企业最基本的竞争优势,因为它能创造并保持企业的竞争条件。国家不但影响企业所做的战略,也是创造并延续生产与技术发展的核心"[②]。

迈克尔·波特认为影响一国的某个产业或者产业环节在国际竞争中具有优势的有四个基本因素和两个辅助因素。四个基本因素为:生产要素,需求条件,相关与支持性产业,企业战略、结构与同业竞争;两个辅助因素为:政府和机遇。这六个要素相互影响,彼此互动,形成一个完整的钻石体系(图2-15)。钻石体系以四大基本要素为支撑点,彼此环环相扣,组成动态的竞争模式;在这场不得不打、不能不赢的竞争力圣战中,波特的这套思想将为政府与民间描绘出实际可行的升级进程。

1.生产要素

生产要素是国家经济成长的天然条件。在波特的思想中,"生产要素的角色还有更深层的意义。大多数产业的竞争优势中,生产要素通常是创造得来而非自然天成的,并且会随各个国

---

① [美]迈克尔·波特著;李明轩,邱如美译.国家竞争优势[M].北京:华夏出版社,2002,"自序"第2页

② [美]迈克尔·波特著;李明轩,邱如美译.国家竞争优势[M].北京:华夏出版社,2002,第65页

家及其产业性质而有极大差异。因此,无论在任何时期,天然的生产要素都没有被创造、升级和专业的人为产业条件重要。更有趣的是,不虞匮乏的生产要素可能会反向抑制竞争优势"[1]。

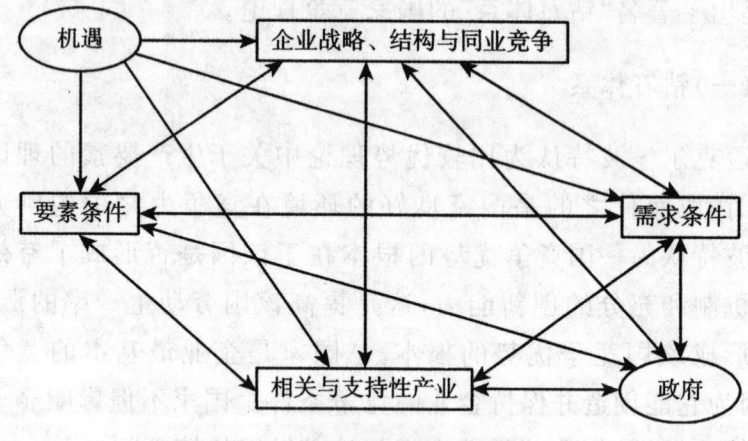

图 2-15 完整的钻石体系

迈克尔·波特认可了要素禀赋理论之中关于生产要素的定义,并把它细分为土地、劳动力和资本。但是他认为生产要素与一个国家的竞争力是否有关的关键在于它们在被应用时所产生的效率与效能,取决于企业应用生产要素时所采取的决策。

迈克尔·波特根据生产要素在国家竞争中产生的机制和作用将其划分为两种类型,分别是初级生产要素和高级生产要素。迈克尔·波特划分的标准是获得生产要素的难度。初级生产要素是一国先天拥有的不需太多投资便能得到的要素,包括自然资源、气候、地理位置等。高级生产要素则是指必须通过长期投入和培训才能创造的生产要素,包括现代化的基础设施、高等教育人力资源和各大学的研究所等。在现代国家竞争中,一个国家的生产要素优势大多需要长期技术开发和投入。而且对于国家整体竞争优势的整体贡献来说,初级生产要素的竞争优势贡献越来越低。

---

[1] [美]迈克尔·波特著;李明轩,邱如美译.国家竞争优势[M].北京:华夏出版社,2002,第 70 页

迈克尔·波特还根据生产要素在生产之中发挥的作用，将生产要素划分为一般性生产要素和专门性生产要素。一般性生产要素的适用范围要广于专门性生产要素，通常指现代化的国家基础设施、受过普通高等教育的员工，可以被应用在各个领域的生产要素上。专门性生产要素则被限制在针对专一领域的生产事业上，主要包括技术型人力、先进的基础设施、专业知识及其他定义更明确且针对单一产业的因素。专业性生产要素发展自一般性生产要素，这也使它们更加难得。但是对于整个国家来说，拥有专业性生产要素，国家的竞争优势也会更大。而且国家也能够通过整合专业性生产要素实现创新。

由此看来，一个国家要经由生产要素建立的强大而又持久的竞争优势，必须发展高级生产要素和专业生产要素。这两类生产要素的发展程度决定了这个国家竞争优势的质量，以及竞争优势将继续升级或被赶上的命运。

2. 需求条件

需求条件在迈克尔·波特的钻石体系之中的第二个基本要素。需求条件总体上可以划分为内需条件和外需条件，内需条件则更加重要一些。内需条件借助对规模经济的影响力提高了国内的生产效率。从竞争优势的观点出发，国内市场需求质量比市场需求数量更加重要。因为需求的效果才能转化成为该国企业的竞争优势。

在产业竞争问题上，需求的影响力主要通过客户需求的形态和特征来施展。企业从市场上得到关于客户的需求特征，及早安排产品的生产和创新。如果市场的需求条件比较苛刻，企业将不断改善和创新自己的产品，从而形成更加精致的竞争优势，进而成为这个国家的产业竞争优势。

市场需求条件对国家竞争优势要有贡献，还需具备以下三项特色。

第一，市场需求结构更加细化。"当一个国家的内需市场和国际市场的主要需求相同、而其他国家却没有这样的条件时，这个国家的厂商就比较容易获得竞争优势。……因为它能够调整企业的注意方向和优先发展顺序。能够代表国际需求重点的国内需求特点比国内市场的需求规模更能影响产业的国家竞争优势。"[1]

第二，专业而且挑剔的客户。专业而挑剔的客户能够为本国厂商追求高质量、完美的产品造型和精致服务提供压力来源。如果本土客户对产品、服务的要求或挑剔程度在国际上数一数二，连带会激发该国企业的竞争优势。

第三，客户对市场产品的较高预期。本国市场最先对某项产品或服务产生需求，会使本国企业比外国竞争对手更早行动，发展该项产业，进而在未来可能带动各地同类型的需求。

3.相关与支持性产业

相关产业也是一个产业竞争优势的重要支持。一个产业的上、下游企业创新能够给产业的发展提供更先进的原料支持和更为苛刻的客户要求。

上、下游产业的支持和压力有扩散效应。上游产业有效率，下游产业才会有效率。在产业链条中，产业间竞争优势的带动效应表现在以下几个方面。

首先，上下游产业的联动效应能够使得产业对预期快速有效率的进行反映。

其次，上、下游厂商之间能够持续、协调进行合作。

再次，相关产业内部存在"提升效应"。本国产业之间的互补关系通过在技术、流程、销售、市场或服务上的竞争关系，实现企业竞争力的提升。"提升效应通常与产品的互通技术比例的高低有关。不过，提升效应最强的时机通常是在产业生命周期的初始

---

[1] [美]迈克尔·波特著；李明轩，邱如美译.国家竞争优势[M].北京：华夏出版社，2002，第82页

阶段,受益最明显的是那些行动快的企业"[①]。

4. 企业战略、结构与同业竞争

企业是发展国家战略的基本细胞。企业的目标、战略和组织结构往往会根据一国战略的差异而不同。国家竞争优势也就会因为国家竞争战略的差异而带来不同。

国家环境对企业竞争力的影响是通过民族文化以及国家所指定的战略目标来实现的。民族文化通过教育、培训、培养领导人才、创新人才,从而为企业搭建团队与组织的关系,提高员工的创新方式,为企业确定决策、处理与客户关系确定基础。民族文化还能影响到企业对国际化的态度以及对劳资关系的判断。

民族文化影响企业的方式很难找到一定的规律,可以说是企业发展的各个方面都能找到企业文化的影子。简单说,比较重要的层面主要有:人民对待权威的态度、国内人际交往的方式、员工和主管之间的关系、社会对个人或组织行为的规范乃至专业标准等。

从企业的目标、战略和组织结构来说,各国不同的产业战略发展目标都会影响到企业劳资双方的工作意愿。如果一国能将发展目标和本身的竞争优势结合起来,产业成功的希望很大。

"创造与持续产业竞争优势的最大关联因素是国内市场强有力的竞争对手"[②]。在国际竞争中,一国成功的产业必然要先经历国内市场残酷的竞争,迫使企业进行改进和创新。而国际市场则是企业现有需求的延伸。从国家整体的竞争优势角度来说,整个产业的规模更加重要。同业的竞争压力会促使企业不断提高自己的服务质量、研发新产品和新工艺。

[①] [美]迈克尔·波特著;李明轩,邱如美译. 国家竞争优势[M]. 北京:华夏出版社,2002,第101页

[②] [美]迈克尔·波特著;李明轩,邱如美译. 国家竞争优势[M]. 北京:华夏出版社,2002,第109页

5. 机会

在产业的成功史上,"机会"这个角色一直很重要。一般来说,机会与国家环境无关,甚至不是政府所能影响的(在计划经济国家除外)。"可能形成机会、影响产业竞争的情况大致有以下几种情形:基础科技的发明创新、传统技术出现断层、生产成本突然提高、全球或区域市场需求剧增、外国政府的重大决策及战争等"[①]引发机会的事件是打破原本状态扩展竞争空间的重要因素。这些事件使得能够在产业之中参与竞争的主题重新回到无序的状态,企业在无序状态中重新进行创新和开发,从而满足新需求。同一引发机会的状态对不同的国家所引发的需求不尽相同。第二次世界大战以后,同为战胜国,中国、美国、苏联各有不相同的发展路径。即使是在相似的文化环境之中,同样饱受战争创伤的英法两国,发展路径也完全不同。

6. 政府

政府是国家竞争力体系之中的一个重要的因素,是所有因素的领导者。政府对于其他要素来说既可以起到正面的作用也可以起到负面的作用。良好的政策有利于企业运用好机会和生产要素,创新产品,满足国内外竞争者的需求。而坏的政策则会打消企业生产的积极性。因此,政府政策对企业来说是一个"能载舟亦能覆舟"的角色。如果政府能够抓住机会,推出适当政策刺激企业发展,就可以长期持续的提高国家的竞争力。

政府政策的影响力还需要其他因素的有效配合。"产业发展如果没有其他基本要素的配合,政府政策再帮忙,也是扶不起的阿斗。若政府政策是运用在已经具备其他基本要素的产业上面,就可以强化、加速产业的优势,并提高厂商的信心,但政府本身并

---

① [美]迈克尔·波特著;李明轩,邱如美译. 国家竞争优势[M]. 北京:华夏出版社,2002,第106页

不能帮助企业创造竞争优势"[①]。

(二)竞争力的启动

从一个国家的角度看,各国竞争力的体现不仅在于一国企业的单独发展,更在于一国的整体实力。因此,各国竞争力的快速发展需要一国钻石体系内因素的紧密配合。

1. 生产要素的培养模式

当国家的生产要素与国家竞争优势关系密切时,通常特别容易受到其他基本要素的影响。国家较强的竞争力建立在高级的、专业性的、具有创造力和提升力的生产要素基础之上。前文已经提到这样的生产要素的获得并非一件易事,而是要通过复杂的投资过程。从各国发展的经验来看,如果各国专注于高端生产要素非均衡的投资,最终将会形成产业间的明显差距,不利于国家竞争力的长期发展。图2-16显示了生产要素创造的情况。

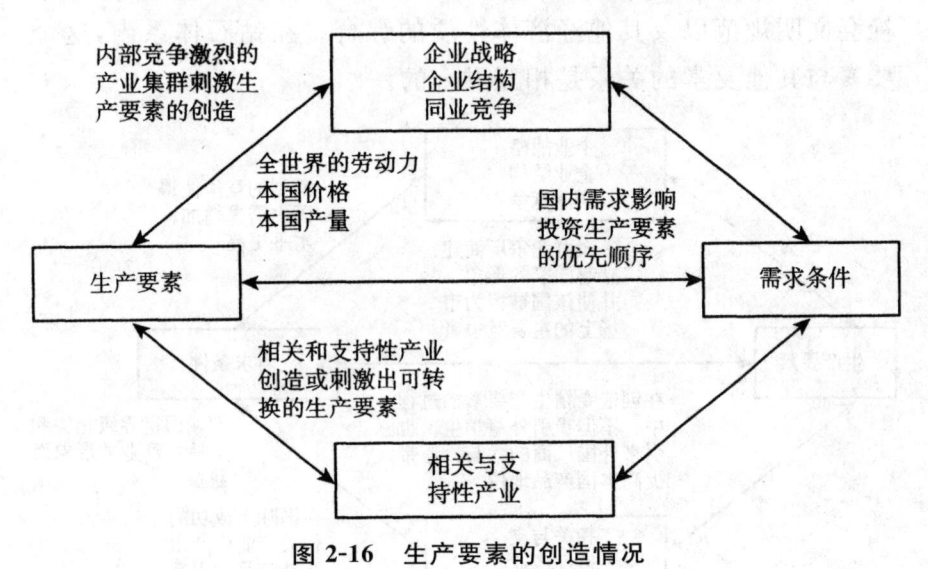

图2-16 生产要素的创造情况

从图2-16可知,国内竞争对手对生产要素的创造情况影响最

---

① [美]迈克尔·波特著;李明轩,邱如美译.国家竞争优势[M].北京:华夏出版社,2002,第110页

大。厂商在残酷的竞争中,因为害怕落后,往往会对生产要素的要求更加苛刻,会从更加专业的条件上去培植适合自己的生产要素。其次,需求条件和相关产业都对生产要素有关键性的影响。"相关产业则会影响各种生产要素的结构和形成比重。相关产业的运作会刺激专业性生产要素的创造和升级,这些要素通常是可以转换的。当几种产业组成产业集群时,所形成共同的供应、技术和环境条件,也会促使政府、教育机构、企业和个人对生产要素和产业动力投入更多的投资。专业化的环境建设被扩大、形成扩散效应时,又会进一步造成供应增加与生产要素的质量提升。有时,随着产业集群的专业化基础建设逐步完备,一些全新的产业因此而发达"。① 竞争和相关产业的带动并不是自觉形成的,厂商必须要认真观察,积极投资,刺激它们的形成。

2. 需求组合,千变万化

一国产业的国内市场需求条件是反映该国国内人口、气候、社会文明规范以及其他经济体性质的综合。在钻石体系内,这个要素与其他要素的关系是相互融合的。

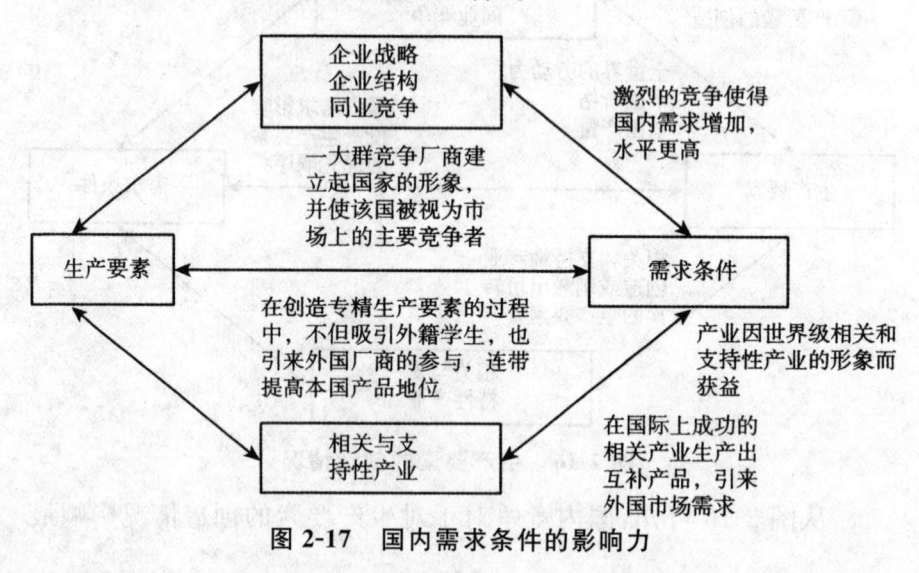

图 2-17　国内需求条件的影响力

---

① ［美］迈克尔·波特著；李明轩,邱如美译. 国家竞争优势［M］. 北京：华夏出版社,2002,第 117 页

由图2-17可知,生产要素和相关产业的结合可以吸引外国的学生和企业前来学习,同时带来了产品和服务的外国需求;相关产业能够强化一个产业的产品国际化需求,而且可以改善产品的内需市场条件;激烈的企业和产业内部竞争会增加国内需求。从这些元素对需求条件的影响来看,国内和国际两大市场需求条件的改善因素和过程是多元化的,但无疑是更加高级的需求竞争因素可以主导国家产业竞争力的提升。

3.相关与支持性产业的发展

国家一个产业的竞争实力提升需要与之相关产业的大力支持。图2-18说明了相关产业发展过程中对其他竞争元素的影响力。

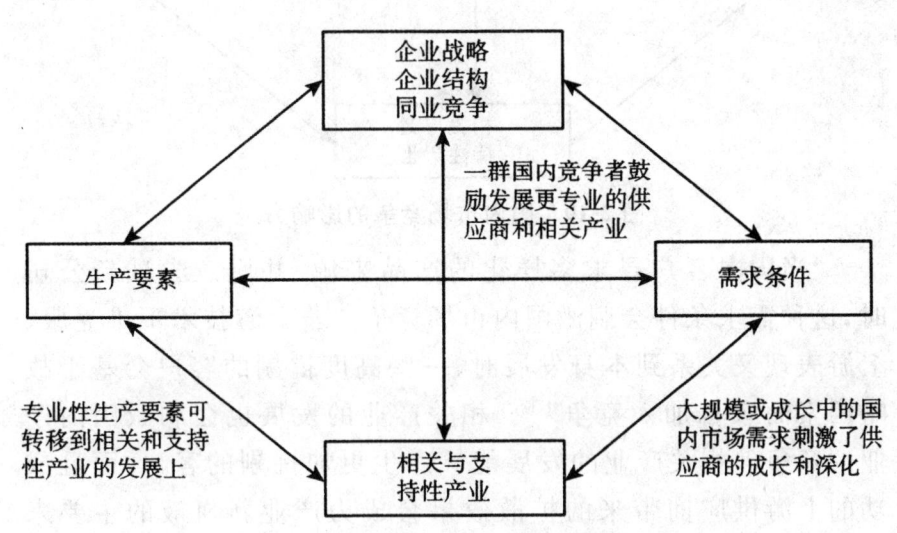

图 2-18 相关产业发展时的影响力

随着知识的传播,由生产要素创造的新技术具有扩散效果,相关的产业也能获得好处。关联产业的发展则需要安排国内严格市场需求条件,实现产业的竞争,促进创新。下游产业的客户竞争激烈,施加在供应商身上,供应商就要不断进行创新和进步,从而满足客户的需求。供应商的创新和进步还要求上游的产业提供更好的产品。

4. 国内同业竞争

与其他生产要素一样,国内同业竞争也受到其他要素的影响,一般来说,会影响到国内企业的数目、技巧和战略(如图2-19所示)。

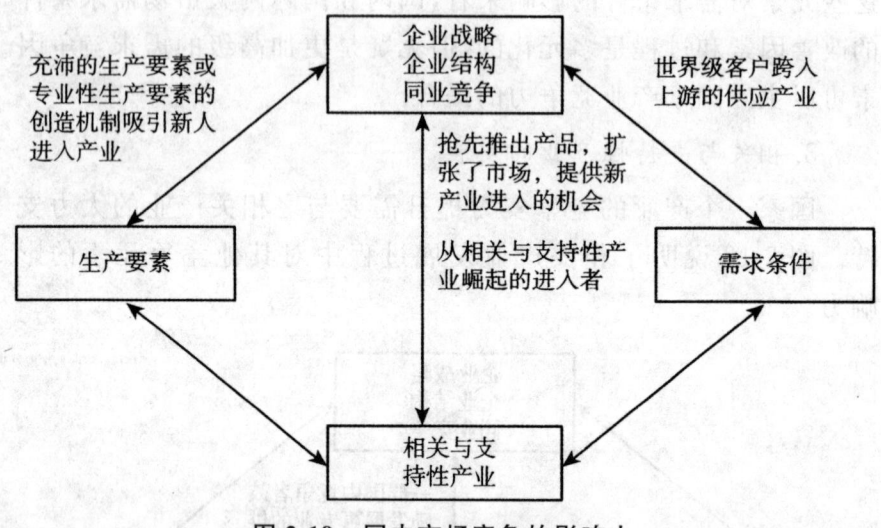

```
         企业战略
         企业结构
         同业竞争
充沛的生产要素或          世界级客户跨入
专业性生产要素的          上游的供应产业
创造机制吸引新人
进入产业      抢先推出产品,扩
              张了市场,提供新
              产业进入的机会

生产要素                  需求条件
         从相关与支持性产
         业崛起的进入者

         相关与支
         持性产业
```

图2-19 国内市场竞争的影响力

"当国内客户寻求多样化的产品来源、并愿意尝试新公司时,这种需求条件会刺激国内市场竞争。若上游技术不难克服、上游表现又关系到本身发展时,一些高度挑剔的客户会基于战略因素而亲自加入竞争"[①]。相关产业的发展也会刺激国内产业的竞争。相关产业的发展能够产生更加挑剔的客户,而且成功的上游供应商带来的扩散效果会成为产业新血液的主要来源。"当种类不同的供应商和相关产业的企业纷纷加入一项新产业时,所产生的竞争优势最为惊人。他们会带来各种新的竞争方式,表现辉煌"[②]。

---

① [美]迈克尔·波特著;李明轩,邱如美译.国家竞争优势[M].北京:华夏出版社,2002,第132页

② [美]迈克尔·波特著;李明轩,邱如美译.国家竞争优势[M].北京:华夏出版社,2002,第133页

四、现代国际贸易保护新理论

(一)新保护主义理论

新保护主义产生于20世纪70年代。这一时期资本主义各国普遍经济增长缓慢,出现了通货膨胀和失业率上升的"滞胀"现象,从而导致了新保护主义思潮的形成,其主要代表人物是英国剑桥大学教授高德莱(wynneGodley)。

1. 新保护主义理论的主要内容

新保护主义以凯恩斯经济理论为依据,提出了保护国内就业和维持国际收支为主要目标的保护贸易主张。据此,高德莱提出了保护贸易的理论模式。

高德莱认为在国际贸易存在的情况下,国民收入为:

$$Y = G + \Delta S + PE + X - M \tag{1}$$

式中,Y为国民收入;G为政府支出;ΔS为存货变量;PE为私人支出(包括个人消费和固定资产投资);x为出口;M为进口。

由于存在政府税收,故(1)式两边分别减去税收T,经整理后可得:

$$G - T = (Y - T - \Delta S - PE) + (M - X) \tag{2}$$

其中,税收T和进口M与国民收入Y的关系分别表示为:

$$T = tY \tag{3}$$

$$M = mY \tag{4}$$

式中,t为税率;m为进口倾向。

高德莱进一步指出,一国国民收入的决定和该国的G、X、t、m等经济变量密切相关,其关系可以表达为:

$$Y = \frac{G + X}{t + m} \tag{5}$$

如果一国财政收支平衡,即$G = T$,则有:

$$T = tY = G \tag{6}$$

如果一国经常项目国际收支平衡，即 $X=M$，则有：
$$M=mY=X$$
$$Y=\frac{X}{m} \tag{7}$$

因此，一国财政收支平衡和经常项目国际收支平衡条件下的国民收入可以表达为：
$$Y=\frac{G}{t}=\frac{X}{m} \tag{8}$$

（8）式表明了对外贸易差额对一国国民收入的重要作用，当一国财政政策的实施受制于国际收支状况时，其对外贸易差额将是决定国民收入的唯一决定因素。

据此，高德莱强调指出：应实行奖出限入的保护贸易政策扩大出口来推动国内生产扩张以形成较多的税收；而财政收入增加使政府有能力增加公共投资并有可能减税以刺激私人投资增加；最终这两种投资增加会提高就业水平和国民收入，从而实现国内经济繁荣。

2.新保护主义理论的简要评析

新保护主义主要是为当时欧美资本主义国家出现的"滞胀"现象提供对策，带有较多的实用主义色彩，其理论中并没有太多的新思想而是更注重政策研究。20世纪70年代以后，非关税壁垒代替关税壁垒成为贸易保护的主要手段就与新保护主义主张强化贸易限制有关。

尽管高德莱并不把新保护主义视为"以邻为壑"，认为保护贸易不一定会减少世界贸易规模。但实际上新保护主义是为欧美资本主义国家转嫁经济危机服务的，它使得发展中国家的贸易条件进一步恶化，南北矛盾更加突出。

（二）战略贸易理论

20世纪70年代中期以来，世界产业结构和贸易格局发生了重大变化。一些发展中国家在世界贸易中的地位迅速提高，并在纺织、家用电器、钢铁等原来发达国家垄断的行业呈现出比较优势。传统的产业间贸易逐步被发达国家之间的产业内贸易所取代。石油输出国组织联合起来,限制产量并提高石油价格,以此来控制世界石油的市场。世界产业结构和贸易格局的变化,使得各国之间在工业品市场上的竞争越来越激烈。建立在完全竞争基础上的传统贸易理论不能有效地解释国际贸易领域内出现的这些新现象。以美国经济学家克鲁格曼(Krugman)和以色列经济学家赫尔普曼(Helpman)等为代表的经济学家引入了规模经济和不完全竞争解释这些问题,创立了"新贸易理论"。在新贸易理论的基础上,克鲁格曼(Krugman)、加拿大经济学家布兰德(Brander)和斯潘塞(Spencer)等人以规模经济和不完全竞争为前提,以产业组织理论和市场结构理论为研究工具,提出了战略性贸易政策理论。它动摇了传统贸易理论认为的自由贸易政策的最优性,强调对国际贸易进行政策干预的必要性和合理性,这也是国际经济学领域又一新的里程碑。

1. 战略贸易理论的主要内容

战略贸易理论以规模经济和产品差别化为基础的,是不完全竞争条件下的保护贸易理论,其实质是主张通过政府对贸易活动的战略干预以创造和凸现比较优势,从而提高本国产业和企业的国际竞争力。

战略贸易理论由两部分内容构成:一是以内部规模经济为基础的利润转移论;二是以外部规模经济为基础的外部经济论。

(1) 利润转移论

利润转移论认为,一国政府可以通过制定经济政策来剥夺外国厂商的出口利润并转移到本国厂商身上,以促进国内产业迅速发展并打开国际市场。利润转移的主要措施有以下几种。

① 利用出口补贴为本国厂商争夺市场份额。当本国厂商与外国厂商在第三国市场出现寡头竞争时,政府可通过向本国厂商提供出口补贴使其采取进攻性战略,从而迫使外国竞争对手作出让步。

② 利用关税抽取外国厂商的垄断利润。当本国面临外国寡

头厂商潜在进入的情况下,政府可通过高关税以抽取外国厂商的垄断利润,从而达到阻止其进入本国市场的战略目的。

③以进口保护作为促进出口的手段,当本国战略产业处于发展初期实力不强时,政府可赋予本国厂商在国内市场的销售特权以获取规模经济优势,从而改变不完全竞争下的产业格局。

(2)外部经济论

外部经济论认为,某些战略产业能够促进相关产业发展从而形成庞大的外部经济效益,但由于自身条件所限难以实现。在这种情况下,一国政府应该向其提供充分的支持,以帮助这些产业和相关产业的加速发展,增强在国际市场上的竞争力。在许多国家高新技术产业的发展中,政府作用尤为明显。

2. 战略贸易理论的简要评析

战略性贸易政策理论建立在 20 世纪 80 年代发展起来的不完全竞争理论和规模经济理论的基础之上,其核心思想是政府应该干预对外贸易、扶持战略性产业的发展,这是一国在不完全竞争和规模经济条件下获得资源次优配置的最佳选择。同时,政府的直接干预可以转移他国利润以提高本国的福利水平。这种理论为国家进一步干预对外贸易活动提供了依据。

但战略性贸易政策理论又有着难以克服的弊病,制约了其在实践中的可行性。一是难以准确选择战略性产业,很可能因战略性产业选择错误而造成资源浪费。幼稚产业保护理论也有类似问题;二是战略性贸易政策是一种以邻为壑的贸易政策,以牺牲别国的利益来提高本国福利,这就令该政策很容易引发贸易战,世界贸易规模将因此而缩小,贸易利益下降;三是大部分发达国家同时实行战略性的贸易政策,它们的努力效果会相互抵消,从而各国的潜在收益就会很小。

第三章 国际贸易的政策研究

国际贸易政策，也称对外贸易政策是各国经济政策的重要组成部分，它是随着世界政治、经济与国际关系的变化和各国在世界分工体系中地位的变化而不断变化的。国际贸易政策主要有自由贸易政策、保护贸易政策、超保护贸易政策、贸易自由化政策和新贸易保护主义等，这些国际贸易政策各有不同的特点和影响。

第一节 国际贸易政策的实质

国际贸易政策是指世界各国和地区对外进行商品、服务和技术交换活动时所采取的政策。从单一国家或地区的角度出发，有关国际贸易的政策就是对外贸易政策。

一、对外贸易政策的目的和构成

（一）对外贸易政策的目的

随着国际经济的发展，对外贸易政策已成为国际贸易环境的重要组成部分，对于各国经济发展发挥了至关重要的作用。对外贸易政策是一个国家的总的经济政策的一部分，是一个国家一定时期内实行的进出口贸易政策。

各国对外贸易政策是建立在为国家利益服务基础之上的，代表着国家利益。因此，对外贸易政策的主要目的有五个方面：一是利用政治和经济手段,降低成本,保护国内市场;二是扩大本国产品的出口;三是促进本国产业结构的改善,优化产业结构;四是积累资金;五是维护本国的对外政治关系。

(二)对外贸易政策的构成

一般说来,一国的对外贸易政策主要由三部分组成。

1. 对外贸易总政策

一国的对外贸易总政策是指一国根据本国国民经济的整体状况及发展战略,结合本国在世界经济格局中所处的地位而制定的政策,通常会在一个较长的时期内加以贯彻执行。例如一国实行的是相对自由还是保护贸易政策,因此,它是一国对外经济关系的基本政策,是整个对外贸易政策的立足点。

2. 进出口商品政策

在对外贸易总政策的基础上,根据本国的经济结构和国内外市场的供求状况而制定的政策,主要表现为对不同的进出口商品实行不同的待遇。如对有些商品用关税或非关税壁垒来限制进口,或有意识地扶植某些出口部门等。

3. 对外贸易国别政策

一国根据对外贸易总政策,结合国际经济格局及社会政治关系等,对不同的国家和地区制定不同的政策,如对不同国家实行差别关税或差别优惠待遇等。

国际贸易政策的三个方面内容是相互交织、相互联系的,如进出口的商品政策和国别政策都离不开对外贸易总政策的指导,而对外贸易总政策也只有通过具体的进出口商品政策和国别政策才能体现出来。由于各国经济体制、发展水平、产品竞争力等方面的差异,其对外贸易政策也有所不同,并随着经济实力的变化而不断变化,但其制定对外贸易政策的基本目的是大体一致的。

二、对外贸易政策的类型

自对外贸易产生以来,对外贸易政策主要有自由贸易政策和保护贸易政策两大类。但在不同时期,一个国家采取自由贸易政策的程度或保护贸易政策的程度是不同的,有时宽松些,有时严些。

自由贸易政策是指商品和服务进出口贸易自由化,国家不再进行限制和阻碍,具体来说就是指本国的商品和服务贸易可以在外国自由竞争或者他国的商品和服务也可以在自由在本国市场上竞争。自由贸易政策的实质是政府"不干预、少干预"。

保护贸易政策是政府为了保护本国的商品和服务避免受到外国商品和服务的竞争打压,采取一系列的政策措施,比如限制进口范围和领域或给予本国出口商品和服务贸易一定的政策优待和资金补贴,来限制外国商品和服务在本国市场上的竞争。保护贸易政策的实质是"奖出限入"。

三、国际贸易政策的制定和执行

(一)对外贸易政策的制定

对外贸易政策是由国家最高立法机构制定和修改的,如美国的国会、英国的议会、法国的国民议会、德国的联邦议会等。这些有立法权的机构制定、修改、通过和颁布与对外贸易有关的各种法令。一般来说,这些法令既包括一国较长一段时期内要实行的对外贸易总的方针和基本原则,又包括某些重要措施和授予行政机构一些特定的权限。例如,美国国会往往会授予总统在一定范围内制定对外贸易的政策、进行立法谈判以至增减关税、决定配额数量等权利。

各国立法机构在制定和修改有关对外贸易政策和法令之前,一般都要广泛征求各个行业和各个经济集团的意见,综合考虑各种因素,以维护国内经济稳定和增长,保持国际收支平衡以及增加就业和劳动者的收入。一国制定对外贸易政策时考虑的因素有以下几个方面。

1. 经济力量的强弱

通常情况下,一个国家经济力量的强弱或者说在国际上的竞争力的强弱,决定着这个国家实施什么样的贸易政策。只有那些经济发达,国际竞争力强大的国家,才会有信心参与国际竞争与合作,实行自由贸易政策。而那些经济发展落后,在国际竞争中落后的国家为了保护本国的商品和服务贸易不受侵害,往往采取贸易保护政策。

2. 经济发展战略

一个国家的经济发展战略也在一定程度上影响着其对外贸易政策的制定。如果一个国家比较注重国际合作与竞争,采取外向型的经济发展战略,那么这个国家相应地就会制定自由对外贸易政策。

否则,就会采取保护贸易政策。

3. 利益集团的影响

一个国家中由哪一个利益集团占据主导地位,相应地就会采取不同的贸易政策。可以说,一国对外贸易政策的选择在很大程度上取决于该国的利益集团者。例如一国中如果出口集团和外向型企业、进出口商占据主导地位,那么相应地实行自由贸易政策就会很大程度上有利于他们的利益发展,而对那些进口集团的利益造成极大的损失。所以说,一个国家中占据主导地位的利益集团往往为了更大程度上获取最大的利益,就会制定更加有利于本方的贸易政策。

4. 国际政治经济环境和一国的外交政策

一个国家的外交政策在一定程度上和整个国家的对外贸易政策是相互影响、相互促进的。一方面,由于外交上的某些需要,一个国家往往会采取相应的对外贸易政策;另一方面,一个国家的外交战略往往会促进这个国家的对外贸易,促进经济的发展。

除此之外,还需要考虑本国的经济结构、供求状况、物价、就业状况、生态平衡、国际收支以及在世界经济和世界贸易组织中应承担的权利和义务等因素。

(二)国际贸易政策的执行

各国对外贸易政策的制定与修改是由国家立法机构进行的,而立法机构在制定和修改有关外贸的法令前,一般都要广泛地征求各经济集团的意见。如发达资本主义国家一般要征询大垄断集团的意见,最高立法机关所颁布的对外贸易的各项政策,既要包括一国在较长时期内对外贸易政策的总方针和基本原则,又规定某些重要措施以及给予行政机构的特定权限。外贸政策的具体实施过程则由行政机构负责,政府部门根据有关的法令来制定具体的实施细则,主要有以下几种方式。

(1)通过海关对进出口贸易进行监督管理。海关是国家行政机关,是设置在对外开放口岸的进出口监督管理机关,负责对进出国境的货物和物品、运输工具进行监督管理,稽查征收关税和代征其他税费,查禁走私等。

(2)为了实现促进出口和管理进口的目标,政府要在本国内广泛设立各种行政机构。

(3)积极参与世界范围或区域化的贸易机构与组织,促进国际贸易的协调发展。

第二节 国际贸易政策的历史演变

一、重商主义贸易政策

(一)重商主义产生的时间和背景

重商主义是欧洲资本原始积累时期产生的代表商业资产阶

级利益的经济思想和政策体系。它产生于15世纪,全盛于16世纪和17世纪上半叶,从17世纪下叶开始由盛转衰。重商主义最初出现在意大利,后来流行于西班牙、葡萄牙、荷兰、英国和法国等地。16世纪末叶以后,重商主义在英国和法国得到了重大的发展。

重商主义的产生有着深刻的历史背景。15世纪以后,特别是地理大发现扩大了世界市场,给商业、航海业、工业以极大刺激,西欧封建自然经济逐渐瓦解,商品货币经济关系急剧发展,封建地主阶级力量不断削弱,商业资产阶级的力量不断增强,商业资本开始发挥突出的作用。与此同时,社会财富的重心由土地转向了货币,货币成为全社会上至国王下至农民所追求的对象,并被认为是财富的代表形态和国家富强的象征。除了开采金银矿,金银货币主要来自商业资产阶级所经营的内外贸易,尤其是对外贸易。另外,西欧一些国家运用国家力量支持商业资本的发展,从而形成了重商主义政策。

(二)重商主义的内容

重商主义分为早期重商主义和晚期重商主义。早期重商主义和晚期重商主义是重商主义学说发展的两个阶段。

1.早期重商主义

早期重商主义者主张禁止货物出口,以防止贵重金属外流,认为这是保留货币的有效手段,这种思想发展成为货币平衡论,即重金主义(或拜金主义)学说体系。例如,当时的英国为了防止外国人把出售商品得来的货币带到国外去,颁布了两条法令,即消费法和侦探法(Scarchers)。第一条法令规定外国人必须把自己在英国收到的汇款,完全购买英国的商品;第二条法令规定对每个"外来的客人"都必须由一个"主人"或"侦探"形影不离地跟踪,把"外来客人"的交易行为统统记录下来,防止他们把货币运出英国,英国的威廉·司塔福特就是代表人物。威廉·司塔福特于1581年出版了《对本国同胞若干不同意见之批评的记述》一书,全书用对话体写成,参与对话的有各种等级的人物,有骑士、商人、手工业者、农夫、神学者等。作者以神学者的身份发表意见,既代表了全书的基本思想,也代表了早期重商主义观点。时值英国的圈地运动,书中的各色人物诉说着各自的不平,而且在不幸的原因上互相埋怨着。骑士说:"我的种田的邻人、商人先生、亲爱的铜匠和其他手工业者们!你们能够比较容易地保持自己的利益,因为一切物价越比以前贵,你们就把你们的商品和对外出售的你们自己的劳动生产品的价格提得愈高。然而,我们却没有一件可以高价出售的东西。因此就无法弥补我们购进商品的时候所受的损失。"而农业经营者则埋怨土地所有者,指责他们把土地圈了起来变成牧场,他说:"这些围栏是经营者普遍衰退的原因。因为这些围栏迫使我们支付更高的地租,而且妨碍我们耕种。这些绵羊是我们的灾祸的来源。"商人和手工业者则把所有的罪恶都归到工人身上,埋怨工人抬高了劳动价格。只有神学者超然站在一切阶级之上,发挥着"超阶级"的真理,代表了早期重商主义观点。早期重商主义者反对进口,认为从外国输入商品是有害的,尤其是输入自己国内能够制造的商品。因为输入商品,就会使货币流出。对此,司塔福特感叹道:"凡是我们跟外国人贸易时得到的一切,都一去不复返了;反之,凡是我们英国人相互所赚到的,是留在家里,留在国内的。"

在下面的对话里,反映了作者保护关税的思想。他写道:"有一次我问书贾:为什么在我们国内不能像海外一样,制造白色的和灰色的写字纸。我听到的答复是:若干时期以前,曾经有一个人着手造纸,但是没有多久,他就把工厂关闭了,因为他看到目前造纸不能像外国那样便宜……这书贾接着又说:但是我相信如果能够禁止外货入口,或者课以较高的关税,那么在我们国内很快就可以使造纸成本低于国外。"显然,早期重商主义者主张实行高关税以阻止进口。

2.晚期重商主义

晚期重商主义的代表主要有意大利的塞拉,法国的柯尔培尔,英国的马林斯、米塞尔登、托马斯·孟和蔡尔德等,其中托马斯·孟最为著名。

托马斯·孟是英国晚期重商主义的突出代表和贸易差额论的典型代表,其主要著作有1664年出版的《英国得自对外贸易的财富》等。马克思指出,这部书"在100多年之内,一直是重商主义的福音书。因此,如果说重商主义具有一部划时代的著作,那就是托马斯·孟的著作"。

托马斯·孟和那些用守财奴眼光死死盯着货币的早期重商主义者不同,他认为国内过多的货币存量会造成非常不好的效果,在把本国商品价格提高的基础上,减少出口商品的消费量,并降低其市场竞争力。对此,托马斯·孟认为一国之内应该保持适度规模的货币存量。其主要措施就是应该把多余的货币拿来购买国外商品,使双方的吐出和吸收达到一个平衡状态,进一步促进国际贸易。

托马斯·孟告诫人们,一个国家要增加财富和现金,必须在与他国进行国际贸易时,保证出口大于进口,因为出超会使国家致富,入超就必然会使国家贫困和落后。他认为一国获取财富的唯一手段就是国际贸易,这也是衡量一个国家财富多寡的唯一尺度。但是,贸易差额有总和和个别之分,必须加以注意。总和贸易差额是顺差时,个别贸易差额可能是逆差,反之亦然。一个国家每年的贸易差额只要总和是顺差就行,不必要求所有个别贸易差额都是顺差。

因此,晚期重商主义者主张通过奖励出口,限制进口,保证贸易出超,以达到金、银货币流入的目的。在出口方面,对本国出口商品给予补贴;商品出口时,退还已缴纳的国内捐税的一部分或全部;减征或免征出口税;禁止重要原料出口,以保证在国内加工后再出口;鼓励外国技术工匠移入,禁止本国工匠出国;压低工资,扶持出口工业;设立有独占特权的殖民地贸易公司,使殖民地成为本国商品的销售市场。在进口方面,课征高额进口关税,限制外国商品进口,禁止消费品特别是奢侈品的进口。

重商主义的特点是：①认为发展国际贸易是国家获得财富的重要途径，在本国之内进行的贸易形势，并不能增加国家财务，它只是货币的转手活动。②极力主张在国际贸易发展中，政府发挥着主导作用，为了壮大本国的国际贸易，必须加大国家多经济的干预政策。③主张实现贸易顺差是增加国家财富的重要途径，在国际贸易中坚持少买多卖的原则，保证出口大于进口。④以流通领域为研究对象，认为利润或利益来自流通过程，而不是来自生产过程。

二、自由贸易政策

18世纪后半叶，英国开始了产业革命，生产实现了从工场手工业到机器大工业的过渡，工业生产迅猛发展，一跃成为世界的工业制造中心和商品贸易中心。随着生产规模的扩张，英国一方面要从国外市场进口大量的原材料，另一方面又需将大量产品拿到国际市场去销售。而长期实行的重商主义保护贸易政策限制了这些活动的进行，严重阻碍了工业经济的发展。为此，英国新兴的工业资产阶级从维护自身利益出发，与地主贵族展开了激烈斗争，强烈要求实行自由贸易政策。在这一斗争过程中，亚当·斯密的绝对优势理论和大卫·李嘉图的比较优势理论为资产阶级的斗争提供了理论武器，最后资产阶级取得了胜利。从19世纪20年代开始，英国转向了自由贸易政策。

英国推行自由贸易政策的重要措施有：①取消外贸经营特权。1831年和1834年，英国先后废止了东印度公司对印度和中国贸易的垄断权，将贸易经营权范围扩大到一般涉外公司。②降低关税税率，缩减纳税商品项目。③废除《航海法》和《谷物法》。《航海法》从1824年逐步废除，至1854年，英国的沿海贸易和殖民地贸易全部向其他国家开放。《谷物法》是英国政府于1815年颁布的旨在限制或禁止谷物进口的法律，1846年《谷物法》的废除标志着英国自由贸易的胜利。④改变对殖民地的贸易政策。英国对殖民地逐步采取了自由放任的态度,它们不仅可以对任何国家输出或输入商品,而且可以与外国签订贸易协定,建立直接的贸易关系。⑤与外国签订体现自由贸易精神的贸易条约。比如,1860年,英国与法国签订了"科伯登"条约。根据条约规定,英国对法国葡萄酒和烧酒的进口给予减税待遇,并承诺允许煤炭的出口,法国则保证对从英国进口的一些制成品征收不超过商品价格30%的关税。

资本主义自由竞争时期,在英国的倡导下,欧洲多个国家都放弃了重商主义保护贸易政策,开始实行自由贸易。这一时期是历史上自由贸易程度最高的一个时期。

三、贸易保护政策

资本主义自由竞争时期,在多数国家采取自由贸易政策的同时,当时的后进国家美国和德国从本国实际出发,采取了保护贸易政策。其理论基础是保护幼稚工业理论。

1776年美国宣布独立,当时,美国是英国原材料的供应地和制成品的销售市场,工业发展十分落后,工业产品与英国相比没有任何竞争力。是否发展以及如何发展本国工业是当时美国急需解决的重要问题。1791年,美国的第一任财政部长亚历山大·汉密尔顿向国会提交了一份《关于制造业的报告》,在报告中明确指出了制造业在国民经济发展中的重要地位,极力主张实行保护关税制度,扶持本国工业的发展。德国经济学家李斯特受汉密尔顿思想影响,对其保护关税理论进行了发展和完善,从当时德国的落后状况出发,提出了保护幼稚工业的理论。

(一)贸易保护政策的主要内容

1. 经济发展阶段论

李斯特认为,各国的经济发展都必须经过如下发展阶段:原始未开化时期、畜牧时期、农业时期、农工业时期、农工商业时期。

李斯特认为,在不同的经济发展阶段应采用不同的贸易政策,自由贸易并不适用于每个经济发展阶段。根据其对经济发展阶段的划分,提出了对外贸易的"三阶段政策"。

第一阶段政策适用于经济发展水平处在第一至第三时期的国家。这些国家通过实施自由贸易政策,把发达国家的先进技术引进来,同时把本国的农产品出口出去,通过技术转换,促进了本国农业技术的进一步发展,并且加速了工业化。

这主要是因为处于这一阶段发展时期的国家,由于本国的工业发展水平较低,缺乏相应的国际竞争力,如果采取自由贸易政策的话,与那些来自处于农工商业阶段国家的产品相竞争的话,势必处于劣势地位,只能被市场淘汰。所以这些国际只有采取贸易保护政策,在保护本国幼稚工业的基础上,才能促进本国工业和对外贸易的发展。

第三阶段政策适用于经济发展水平处于农工商业时期的国家。这些国家也应实行自由贸易政策,因为它们的本国工业具有相当的竞争能力,通过国内外市场的充分竞争,可以促进资源的合理使用和生产力的进一步提高,使国内产业不断保持优势地位。

李斯特认为,当时的西班牙、葡萄牙处于第一阶段,德国、美国处于第二阶段,英国、法国处于第三阶段。德国和美国等落后国家的工业是幼稚产业,还没有成熟,经不起英国廉价商品的竞争,如果不实行保护政策,这些幼稚工业就会被英国的先进工业所摧垮,所以德国应实行保护关税政策。

2. 保护的对象与时间

(1)幼稚工业才需要保护。要使保护得当,需要先行考虑被保护的工业,在经历保护期以后,的确有能自立的前途。即经过保护可以成长起来的,能够获得国际竞争力的产业,才对其加以保护。

(2)对幼稚产业的保护是有期限的。等到被保护的工业发展了,生产出来的产品能与外国竞争时,就无须再保护。或者被保护的工业,超过了规定的限期还没有成长起来,也就不必再予以保护。

(3)工业虽然幼稚,但如果没有强有力的竞争者时,也不需要保护。

(4)对农业一般不需要保护。

3.保护手段

李斯特主张在国家干预和扶持下,采取禁止输入和提高关税的办法来保护幼稚工业,而用减免关税的办法来鼓励复杂机器设备的进口,以加速幼稚工业的发展。

(二)理论实践的难点

美国与德国通过实施幼稚工业保护政策,工业得到发展,经济取得长足进步,它们的成功经验激励了很多发展中国家。第二次世界大战后,许多发展中国家也对幼稚工业进行了保护,但从实践效果看并不理想,其中理论实践中存在的困难是影响其实施效果的原因之一。这一理论实践中存在的难点有以下几个方面。

第一,保护对象的选取。按照理论要求必须是对有潜力的工业进行保护。有潜力就是通过保护能够发展起来,而且会带来比保护支出更大的收益。在实践中,保护对象的选取,往往受到不同产业利益集团的左右,最后选择的对象并不一定是有潜力的、真正需要保护的产业。如保护对象选择错误,保护效果自然会受影响。

第二,保护手段的选择。对产业的保护可以采取关税政策和产业政策两种方式。如采取关税政策,会限制外国产品与本国产品在国内市场的自由竞争,容易使国内企业产生惰性,完全依赖于政府的保护,缺乏积极改进生产技术,提高产品竞争力的压力和动力,不利于企业的成长。如果采取产业政策,就不会出现这一问题。很显然,在培养产业竞争力方面,产业政策比关税政策更有利。但从政府的角度来看,他们更愿意采取关税政策而非产业政策。因为采取关税政策,政府的财政税收会增加,采取产业政策政府收入不仅不增加,反而每年还需支出大量的补贴费用。

第三,保护时间的问题。李斯特明确提出保护不是无限期的,最长以 30 年为限。如产业在保护期内没有发展壮大,说明对它的保护是没有意义的,到期应取消保护。但在实践中,通过保护形成了既得利益者,他们往往通过种种方式不断要求政府延长保护时间,使保护效果大打折扣。

四、超保护贸易政策

超保护贸易政策是指西方发达国家为维护国内市场的垄断价格和夺取国外市场而采取的一种侵略性的对外贸易政策,又称侵略性保护贸易政策。

(一)超保护贸易政策的产生

超保护贸易主义在第一次世界大战与第二次世界大战之间盛行。在这个阶段,资本主义经济具有以下特点:垄断代替了自由竞争;国际经济制度发生了巨大变化;1929—1933 年资本主义世界发生空前严重的经济危机,使市场问题进一步尖锐化,使超保护贸易政策发展到空前的规模。

在大危机以后,许多资本主义国家都提高了关税,实行外汇限制、数量限制;同时,国家积极干预外贸,鼓励出口,新重商主义盛行。

在上述历史背景下,各国经济学者提出了各种支持超保护贸易政策的理论根据,其中有重大影响的是凯恩斯主义有关推崇重商主义的学说。

(二)超保护贸易政策的特点

与保护幼稚工业贸易政策相比,超保护贸易政策有以下几个特点。

1. 保护的目的不同

培养企业自由竞争的能力是保护贸易政策的主要目的,而对于超保护贸易政策来说不断巩固和加强对国内外市场的垄断则是其主要目的。

2. 保护的对象扩大了

幼稚工业是保护贸易政策的对象,而超保护贸易政策的保护对象远远大于这个,保护幼稚工业只是其中之一,其主要的保护对象则是保护国内高度发达和出现衰退的工业。

3. 保护转入进攻性

保护贸易政策为了实现目的,所采取的措施主要是限制外国商品的进入,相对地超保护贸易政策为实现目的所采取的措施是对国外市场的进攻性扩张。

4. 保护的措施多样化

关税是保护贸易政策采取的主要措施,但是仅是超保护贸易政策的保护措施之一,超保护贸易政策还有配额、许可证、补贴等多种"奖出限入"的措施。

(三)超保护贸易政策基本思想

凯恩斯的经济理论集中反映在1936年出版的《就业、利息和货币通论》一书中。该书并没有提出系统的国际贸易理论,而是批判了传统经济贸易理论,以有效需求不足为基础,以国家对经济生活的干预为政策目标,把对外贸易和国内就业结合起来,开创性地提出了保护国内就业的思想,创立了当代宏观经济的新学说。以后凯恩斯的追随者们对此加以充实和扩展,形成了凯恩斯主义的超保护贸易理论。

超保护贸易理论认为,"一国的国民收入水平决定于需求水平。政府不仅要利用宏观经济政策干预国内的经济,实现内部平衡,还要干预对外贸易,以便使进出口有利于国民收入水平的稳步提高。"①

在《就业、利息和货币通论》中,凯恩斯由投资乘数理论出发,对贸易差额与国民经济的关系作了阐述。所谓投资乘数(Investment Multiplier),是指投资的增长所引起的国民收入的扩大,相对于投资的增长是一种倍数增长的关系。凯恩斯认为:"如果企业投资仍不足以使经济体系达到充分就业,就应该直接增加政府的支出和公共投资。因为政府投资和私人投资一样,也有投资乘数效应,而一国的总投资既包括国内投资也包括国外投资(它决定于贸易顺差额)。"②"增加顺差,乃是政府可以增加国外投资之唯一直接办法;同时若贸易为顺差,则贵金属内流,故又是政府可以减低国内利率、增加国内投资动机之唯一间接办法。"凯恩斯还强调贸易顺差本身对国民经济的作用亦犹如投资,认为出口是对本国产品的需求,如同投资,能使国民收入增长;而进口则是对舶来品消费的增加,如同储蓄,会减弱投资乘数的作用,使国民收入减少。因此,凯恩斯极力鼓吹贸易顺差,并提出应尽力扩大出口,同时通过保护关税和鼓励"购买英国货物"以限制进口的政策主张。

马克卢普和哈罗德等人在凯恩斯投资乘数理论的基础上,提出了对外贸易乘数理论(Foreign Trade Multiplier Theory)。他们认为:"一国的出口和进口波动会对国民收入产生倍数效应。只有当贸易出超或国际收支为顺差时,国外投资增加,并因此导致国内货币供给增加,利率下降,刺激国内投资增加。此时,对外贸易才能增加一国的就业量,提高一国国民收入量。并且,国民收入的增加量将大于贸易顺差的增加量,并为后者的若干倍。如果贸易逆差,结果则相反。为了保持贸易顺差,国家应干预对外

---

① 马丁,张建辉.国际贸易理论与实务[M].北京:清华大学出版社,第84页

② 马丁,张建辉.国际贸易理论与实务[M].北京:清华大学出版社,第84页

贸易,采取奖出限入的政策。"①

根据凯恩斯主义理论,一国的就业水平是由有效需求决定的。在现代经济生活中,正是有效需求的不足导致了失业的出现,有效需求的不足使经济体系在低于充分就业的水平就达到了稳定均衡的状态。

五、贸易自由化与新贸易保护政策

(一)历史背景

第二次世界大战后,在全球范围内各国的经济都得到了较大的发展,全球经济形势发生了巨大变化,这必然会影响发达国家转变对外贸易政策。二战后,从20世纪50年代到70年代初,随着世界各国经济的普遍恢复和迅速发展出现了贸易自由化倾向。20世纪70年代中期发生世界性通货膨胀,这一经济形势再度推动了发达国家贸易自由化的进一步发展,随后1974—1975年爆发世界性经济危机,造成贸易自由化停滞,保护主义再度兴起。

(二)贸易自由化

1. 第二次世界大战后贸易自由化的表现

从20世纪50—70年代初的贸易自由化表现如下:

第二次世界大战后贸易自由化的表现是:①1947年达成了以促进自由贸易为目的的国际贸易协定——《关税及贸易总协定》。②关税水平大幅度下降。关贸总协定在成立后的48年里主持了8轮多边贸易谈判,使成员国大幅度降低了关税;第二次世界大战后一些国家组成了多个经济贸易集团,集团成员间相互削减或取消关税;发达资本主义国家通过普惠制、特惠税等方式,向发展中

---

① 马丁,张建辉.国际贸易理论与实务[M].北京:清华大学出版社,第85页

国家提供单方面的关税优惠。通过这些措施,使得战后关税水平大幅下降,发达国家的平均关税水平从战后初期的40%左右下降到5%以下,发展中国家从更高水平下降到13%左右。③非关税壁垒降低。发达国家在战后初期曾普遍实行严格的进口限制,以保护国内经济。以后逐步放宽,扩大进口自由程度,放宽或解除了数量限制和外汇管制,恢复了货币自由兑换,实行了外汇自由化。

2. 第二次世界大战后贸易自由化的特点

第二次世界大战后出现的贸易自由化远没有达到资本主义自由竞争时期自由贸易的程度,它在一定程度上和保护贸易政策相结合,是一种有选择的贸易自由化。

首先,发达国家之间的自由化程度高于发达国家与发展中国家之间的贸易自由化。发达国家之间通过达成国际多边协定,大幅度降低了关税并放宽了进口限制,但对从发展中国家进口的产品征收较高的关税,并实施其他进口限制。

其次,不同产品的贸易自由化程度不同。工业制成品的自由贸易程度高于农产品;工业制成品中,资本品的自由贸易程度高于消费品,尤其是一些"敏感性"的劳动密集型产品,如纺织品、鞋、皮革制品等产品的贸易受到了发达国家的严格限制。

最后,区域经济集团内部成员国之间的贸易自由化超过了与非成员国的自由贸易程度。

(三)20世纪70年代中期以来的新贸易保护主义浪潮的主要特点

随着世界经济全球化和世界贸易组织达成的各项协议的实施,世界各国纷纷大幅度降低关税和逐步取消配额、许可证等数量限制,技术性贸易壁垒已成为新贸易保护主义的重要手段。所谓技术性贸易壁垒是指在国际贸易合作与竞争中,一国为了保护本国的经济利益不受到侵害,在政策制定和管理方面,对本国市场的商品和其他国家的进口商品和服务采取了区别对待,例如在技术法规、标准、包装、标签、认可和检疫制度等方面区别对待,从而阻碍其他国家商品进入该国市场。20世纪70年代以来兴起的新贸易保护主义浪潮具有以下特点。

(1)从关税壁垒转向非关税壁垒来达到限制进口商品。第二次世界大战以后,随着关贸总协定的签订,国家之间的关税壁垒受到了一定的制约,所以各国想利用提高关税水平来达到保护本国贸易的想法是不可能的了,只有通过采用非关税壁垒措施来限制商品进口。各种非关税壁垒措施在20世纪60年代只有800多种,到90年代则已发展到上千种。同时非关税措施的歧视性不断增强。

(2)商品实施保护的范围不断扩大,由以前传统产品和农产品扩大到高级工业品和劳务部门。另一方面,很多国家也正在不断从服务贸易领域方面加强措施,正确保护本国贸易,比如在签证申请、投资条例、收入汇回等方面作出了很多努力。

(3)实行系统化的管理贸易制度。各种类型的国家由于政府管理贸易的能力加强,从保护贸易制度转向更系统化的管理贸易制度。

(4)实施从限制进口转向鼓励出口的奖出限入措施。二战以后,自由贸易不断得到发展,国际分工也在日益加深,国外市场对各国的吸引力不断增强,各国在国外市场上的争夺战也愈演愈烈。随着这种形势的发展,国家之间仍然彼此之间限制进口,必然会给这些国家之间的贸易往来带来严重的阻碍,甚至导致国家间的矛盾加深。基于这种情况,大力加强鼓励出口必然就成为许多国家的重点措施。

六、协调管理贸易政策的产生与发展

20世纪70年代以来,在新贸易保护主义的基础上,又产生了协调管理贸易(Managed Trade),即"有组织的自由贸易"。它是以协调为中心,以政府干预为主导,以磋商谈判为轴心,对本国进出口贸易和全球贸易关系进行干预、协调和管理的一种国际贸易体制。因此,管理贸易政策既有别于纯粹的自由贸易政策,同时也不同于完全的贸易保护主义。通过实施管理贸易政策,一方面在一定程度上促进了本国对外贸易的进一步发展,另一方面其他国家对外贸易的利益也得到了保护,实现了双方利益的双赢。在此基础上,全球范围内在一定程度上相应地减少了国家之间贸易战的发生,共同维护了国际经贸关系的稳定和发展。

(一)管理贸易政策产生的原因

诱发管理贸易政策产生和发展是由多方面的原因造成的,其中最重要的便是世界经济的发展和国际政治形势的变化。具体原因如下。

第一,由于各国过度使用新贸易保护政策,过度地保护本国市场,限制其他国家商品的进入,造成了非常严重的经济后果,导致其他国家纷纷对该国进行各种各样的报复,从而给全球范围内国际贸易的发展带来了严重的阻碍。在这种严峻形势下,各国都迫切需要制定一部标准化的,针对各国适用的对外政策法律,以便使各国之间都能遵守一定的法律条款的约束,这就需要国家政府之间参与国家贸易组织与管理,制定统一的约束政策。

第二,在全球范围内世界经济和科技飞速发展,尤其是伴随着经济一体化的实现,各国所实施的贸易保护政策与之前相比变化非常明显,更重要的是所指定的关贸总协定也越来越不适应新形势的发展,需要作出重大调整。与此同时,伴随着世界性产业结构的重大调整,一些新的经济领域发生的一些重大问题,导致关贸总协定的"乌拉圭回合"谈判作用不甚明显,比如服务业和知识产权等新领域的国际性管理与仲裁问题。由此造成各国的贸易政策更加关注于实现双边互惠和区域内多边协调的贸易关系。在这种情况下,为了有效地保护自身的贸易和经济利益,各国的贸易政策更加倾向于由自由贸易转变为"公平贸易"。

第三,第二次世界大战后尤其是冷战结束后,随着世界经济的强势发展,国际竞争的主要手段不再是军事抗衡,而是更加看重各国之间的经济发展和经济力量悬殊。而国际投资和贸易又成为国家之间经济发展的重要力量。在此形势下,为了更好地发展经济,促进本国国际贸易和投资的发展,政府加强宏观调控,以此来加强对贸易的干预和管理,成为国家经济发展的主要手段。

第四,伴随着经济的发展,也导致了一些相应的负面影响,比如环境污染越来越严重,在这种情况下,环境保护也普遍受到各国的关注,因此在国际贸易中开始出现环保贸易。但是某些国家却利用这一点来限制其他国家商品在本国市场的进入,以此来达到实行贸易保护的目的。为了更好地控制这种情况的愈演愈烈,迫切需要国际管理贸易政策的产生,来约束国家之间的这种不良竞争。

(二)管理贸易政策的主要表现

管理贸易政策的主要表现是:

第一,制定贸易法,确保贸易保护主义的合法化和制度化是发达国家趋向管理贸易政策化的主要表现之一。另外,在一些发达国家贸易法的确立并不是独立的,而是逐渐与国内其他法律体系相配套、相互联系,以确保国家整个法律体系的良好运行。

第二,由于关贸总协定——世界贸易组织所构建的国际多边贸易协调体制的影响力逐渐受到削弱,多边贸易谈判在各国之间的国际贸易合作与竞争中得到加强,"公平贸易"的政策逐渐得到实施。同时,随着贸易区域集团化的发展,区域集团内部的多边协调管理也在国际贸易中得到了进一步强化。

第三,随着世界经济的发展,管理贸易的主体已经转变为跨国公司。作为适应国际贸易新发展的管理贸易,为了获取最大的和长远的经济效益,运用贸易、金融方面的技术,在全球范围内开展各种有形和无形的国际贸易。跨国公司利用这一优势取得世界经济中的主导地位。它积极利用自身的科技和规模优势在世界范围内展开大规模的、多层次的国际贸易和投资活动,以实现国家对外贸易与投资的战略和政策。

管理贸易政策的运用在一定程度上可以缓减各国之间的贸易摩擦,避免了极端形式的贸易冲突,对国际贸易的健康有序发展起到了一定的作用。目前,管理贸易盛行于西方国家,也逐渐为发展中国家所采用,它在一定程度上反映了世界贸易发展的现实。

纵观整个贸易政策发展历史可以看出,既没有完全自由贸易的时代,也没有完全保护贸易的阶段,自由贸易政策与保护贸易政策始终相伴而行。自由贸易政策一直伴随国际贸易的发展,而不同的保护贸易政策则在不同的历史时期出现。保护幼稚工业政策始终是后进国家实现工业化进程中的重要选择;超保护贸易政策在发达国家经济萧条时期被不断地重复使用;而战略性贸易政策则被包括发展中国家在内的越来越多的国家所重视。从国际贸易政策发展的长期趋势看,虽然保护贸易主义时常抬头,但贸易政策一直向自由化的方向发展。

七、战略性贸易政策案例解析

目前世界上公认的具有高度垄断性和规模经济的产业是飞机制造业。现代关于分析战略性贸易政策效果的研究案例主要是以美国的波音公司和欧洲的空中客车公司进行分析。

表 3-1　波音和空客无政府补贴时的可能收益矩阵

单位:亿美元

		空客	
		生产	不生产
波音	生产	−5,−5	100,0
	不生产	0,100	0,0

表 3-1 是波音公司和空中客车公司(空客)依靠自身优势参与市场竞争所获得的可能收益矩阵。在此例中,我们设定两家公司的生产技术水平相同,生产的飞机类型相同,同时飞机制造业具

有规模经济效应。

从表 3-1 中可以看到,飞机制造业具有规模经济效应,因为市场容量有限,当波音公司和空中客车公司(空客)同时生产相同类型的飞机时,就会使两公司同时陷入困境,两家公司各亏损 5 亿美元;如果空中客车和波音两公司只有一家生产而另一家不生产时,生产的一方由于独占市场就可以取得 100 亿美元的规模经济收益;如果两家公司都不生产,它们都既无规模经济收益也无亏损。

现在假定欧洲给予空中客车公司 10 亿美元的补贴,以突显其在世界飞机市场中的竞争优势。而同时美国波音公司并没有获得政府补贴,在这种情况下,空中客车公司的市场优势明显高于美国波音公司。在空中客车公司接受补贴的情况下两个公司的市场收益矩阵见表 3-2。

表 3-2 空客接收补贴后波音和空客的可能收益矩阵

单位:亿美元

		空客	
		生产	不生产
波音	生产	−5,5	100,0
	不生产	0,110	0,0

从表 3-2 中可以看到,空中客车公司在拥有政府补贴的情况下,其竞争优势明显大于波音公司。由于市场容量的限制,当空中客车和波音两公司同时生产飞机时,亏损是必然的,各亏损 5 亿美元。但是由于政府给予空中客车公司 10 亿美元财政补贴,就使得此公司仍有 5 亿美元的利润;但是当空中客车公司不生产只有波音公司生产时,由于其产品在市场上处于垄断地位,这样该公司就可以获得 100 亿美元的规模经济收益;当只有空中客车公司生产,波音公司不生产时,空中客车公司的产品独占市场份额,就可以获得 100 亿美元的规模经济收益,除此之外,由于空中客车公司还接受了政府的 10 亿元补贴,从而其总收益就会达到 110 亿美元;明显地,当两个公司都不生产时,也就谈不上亏损和

收益的。

从上面的分析我们可以判断出,空中客车公司在得到政府补贴的情况下,只要生产飞机就会获得利润。而波音公司因为没有政府补贴,要想获得利润,其产品就必须独占市场,但是空中客车公司不生产的情况是不可能出现的。因此美国波音公司就会面临两种市场选择:一是放弃生产;二是亏损也要生产。可见,从长远利益来看,空中客车公司在得到政府补贴的形势下,必然会把美国波音公司从市场上淘汰出去,从而获得独占市场的 110 亿美元的超额利润。

通过上例的比较分析,战略性贸易政策理论认为,从获得长远利益来看,国家积极扶持本国战略性产业,给予政策或大量的资金支持,能有效提高该企业的市场竞争力,以便获得规模经济效益。

此外,战略性贸易政策理论认为,利用政府补贴帮助本国产业独占市场,增强竞争力只是一种有效方式,还可以通过对外贸易政策来限制他国商品进入本国市场,来巩固本国产品在市场上的竞争力。

第三节 中国对外贸易政策

一、中国对外贸易政策的演变

随着中国经济的发展,中国对外贸易政策不断变化,本节重点讲述新中国成立以来,中国对外贸易政策的发展历史。

(一)改革开放以前的对外贸易政策

1949—1978 年,高度封闭的保护贸易政策是这一期间我国对外贸易政策的主要措施,具体体现如下:

1.外贸经营由国家高度垄断

1949—1952年,中国政府一方面没收官僚资本进出口企业,另一方面积极改造民族资本进出口企业,在这两种措施的基础上,中国外贸部门对全国的对外贸易统一实行行政管理,国家发挥着高度垄断的作用。外贸部严格按照国家指令计划控制进出口商品的品种和数量。

2.设置较高的贸易壁垒

其中影响较大的主要有:(1)高关税。"根据1951年中国实施的海关税则,进口商品的算术平均关税率为52.9%,其中农产品的平均关税率为92.3%,工业品的平均关税率为47.7%。这一关税水平远远高于GATT规定的关税率"[①]。(2)各种行政壁垒。无论是进口还是出口都需要办理配额、许可证并通过各级各部门的审批。(3)外汇管制。对于进口所需的外汇,必须向指定机构申请额度并承担汇率高估的损失。

3.脱离了关税与贸易总协定

关税与贸易总协定(GATT)是战国国际贸易的规范政策,也是第二次世界大战后建立的国际贸易框架机构和规则体系。这一协定是在总结以往国际贸易发展中的经验教训,并遵循世界各国政府的利益诉求基础上签订的,反映了世界各国共同发展的愿望和利益。新中国成立后,由于各方面的原因,尤其是中国政策采取的贸易保护政策,使得我国防窃了参与GATT的权利。尽管1974年中国恢复在联合国的合法席位,但中国政府又一次放弃参与GATT的权利,导致在战后国际贸易体系中丧失了其优势地位和应有权益。

改革开放前,中国之所以实行高度封闭的保护贸易政策,从外部影响因素看,一是东西方冷战的国际背景;二是斯大林模式

[①] 佟家栋,周申.国际贸易学——理论与政策[M].北京:高等教育出版社,2004,第238页

第三章 国际贸易的政策研究

的深重影响。而从内部影响因素看,一是计划经济体制决定了内向型的经济形态;二是极"左"思潮、小农经济思想和官文化的综合作用。

新中国成立以来通过实施高度垄断的对外贸易政策,是有其积极作用的,主要是实现了进出口贸易的基本平衡。直到1977年期间,除了在少数年份(1960年、1970年、1974年和1975年)出现少量逆差,基本上扭转了长期以来严重的外贸逆差这一局面。但是这一举措产生更多的是消极方面的作用。第一,这种国家高度垄断的外贸政策严重阻碍了中国出口贸易的发展,导致外贸发展迟缓;第二,国内企业由于过度受到政府宏观管理的保护,缺乏竞争力,致使效率低下;第三,国家实行高度垄断的对外贸易政策,一方面国外先进的科学基础难以引进到国内,另一方面造成闭关锁国,国内企业看不到国外企业的发展,缺乏竞争意识,最终导致中国经济发展落后。

(二)改革开放以后的对外贸易政策

由于原来的贸易政策已不能适应国内外变化了的形势,改革开放后,我国调整了外贸政策,将国家统制下的内向型保护贸易政策转变为开放型的适度保护贸易政策。在这种政策下,对外贸易活动由国家实行宏观调控,将扩大出口与开放国内市场相结合,积极参与国际分工和国际交换。主要表现在以下几个方面。

1. 下放外贸经营权

下放外贸经营权,允许生产企业和其他有经营条件的企业和单位经营对外贸易,打破了由外经贸部所属的外贸公司垄断外贸经营权的局面。

2. 转变外贸计划体制

外贸计划体制逐步由指令性计划向指导性计划体制转变。目前只有少数产品实行指令性计划,其他大多数产品都已经放开由市场调节。

3. 外汇管理体制逐步自由化

1979年,开始实行外汇留成制度;1980年,建立外汇调剂市场;1985年,实行人民币单一汇价和有管理的浮动;1994年,实行人民币汇率并轨,建立了中国外汇交易中心;1996年12月1日,开始实行人民币经常项目下的可兑换。

4. 出口鼓励政策

从1979年起政府先后采取的出口鼓励政策主要有:外汇留成制度、出口补贴、人民币对外贬值、出口退税、优惠信贷等。上述出口鼓励政策对于调动出口企业的积极性从而扩大出口起到了重要作用。目前,中国已经成为世界第三大贸易国,对外贸易额占全球贸易额总额的比重不断上升。

二、中国外贸政策取向的变化

APEC以及双边机制是中国在加入WTO以前主要的对外经济和贸易合作的途径。中国在加入WTO后,积极参与国际贸易合作与竞争,参与国际贸易谈判和规则的制定,在全球多边贸易体系中发挥重要的影响作用。相应地,随着中国加入WTO以后,中国对外贸易政策逐步向开放性发展,积极参与国际事务,并注重加强国际贸易与经济合作,通过参与区域性的经济贸易实现本国和其他国家的经济利益的双赢。

东南亚金融危机爆发以后,中国为了稳定住亚洲的金融局势,从各方面采取措施,最重要的是坚持人民币不贬值,这一举措在应对东南亚金融危机中发挥了重要的作用。2000年5月中国与日本、韩国一起在泰国清迈达成《清迈协定》,为受到危机冲击国家提供资金支持,促进他国的经济和贸易得到了较快的恢复。

当今世界随着经济全球化不断发展,区域化发展战略已经成为当今世界贸易的主要特征。2005年绝大多数WTO成员都有自己的一个或多个区域贸易计划,据统计这一年中向WTO申报的有300多个区域贸易。通过积极参与区域贸易,一方面发达国家不断增强本国的市场竞争力,逐步占据有利市场地位;另一方面发展中国家也获得了参与国际贸易的话语权,并提高了国际竞争力。通过区域贸易,我国的区域经济合作组织初步形成,并且逐步深化了与港、澳的贸易合作,密切关系。同时积极加强与东盟贸易自由区的经济合作,就建设建设自贸区问题与新西兰、澳大利亚展开了实质性的进展。通过积极实施以上措施,中国的国际经济地位得到了认可,并且与多个国家建立了良好的经济合作关系,为我国的经济发展提供了稳定的外贸环境。

2008 年以来的国际金融危机给中国带来了严重冲击。为了中国经济的长期健康发展和提升国际竞争力,必须在开放经济的条件下转变中国的外贸政策。从推进贸易自由化方面看,在货物贸易领域就是逐步降低关税总水平,并规范和减少非关税壁垒;在服务贸易领域就是逐步扩大市场准入水平,并给予国外厂商以国民待遇;在技术贸易领域就是控制滥用知识产权的措施,并完善知识产权保护制度及加强相关执法;而在与贸易有关的投资领域则是规范和逐步取消对贸易有扭曲和限制作用的投资措施,包括投资鼓励措施和投资限制措施。尽管国际金融危机引发贸易保护主义有所抬头,使得针对中国的贸易摩擦有所增加,我们仍应坚持这一政策取向,按照 WTO 规则处理贸易摩擦,争取在比较利益的基础上与各国建立互利共赢的国际经贸关系。

2010 年中国政府以"拓市场、调结构、促平衡"为中心,调整了部分商品的出口退税。2011 年,政府更加注重"促进外贸稳增长"这一目标,力争确保出台各项"稳增长"措施落实到位。2012 年 2 月,政府印发《关于加快转变外贸发展方式的指导意见》,指出中国对外贸易政策的基本目标是实现贸易平衡,而实现这一目标的重要手段之一即是要加强进口。《指导意见》进一步明确了"中国转变外贸发展方式的两大目标,即实现'四个提高'和'四个优化'。'四个提高包括提高出口商品的国际竞争力、企业的国际竞争力、行为组织协调能力和政府参与国际贸易规则制定的能力;'四个优化'包括优化主体结构、商品结构、市场结构和贸易方式结构"[①]。2012年11月党的十八大报告召开,报告中强调要"加快转变对外经济发展方式",朝着"优化结构、拓展深度、提高效益"方向转变。坚持出口与进口并重,强化贸易政策与产业政策相协调,推动对外贸易平衡发展。

[①] 商务部.关于加快转变外贸发展方式的指导意见[N].新华社,2012-02-17

第四章 国际贸易政策相关措施研究

国际贸易措施是指世界各国和地区对外进行商品、服务和技术交换活动时所需要采取的政策。从古到今，国际贸易中仍然存在贸易壁垒。

第一节 关税措施

关税是国家管理对外贸易的传统手段。早期，各国主要视其为政府财政收入重要来源，随着保护贸易政策的不断出现，各国越来越多地将其作为限制进口的重要贸易政策工具。当前，在世界贸易组织的约束下，虽然关税作为限制进口手段的作用已大大下降，但它仍是各国管理对外贸易、调整国家间经贸关系的重要手段之一。

一、关税的含义

关税（Customs Duty, Tariff）是指一国或地区的海关对经过其关境的进出口商品所征收的一种税。一个国家根据其政治经济等状况和需要，由政府设置在边境、沿海口岸或境内的水陆空国际交往通道上的海关机构，按照国家制定的关税税法、税则，对其进出关境的商品征收关税，是一国在一定时期内的经济贸易政策的具体体现。

海关是国家行政管理机构，其基本任务是根据本国法律、法规监管进出境的货物、行李物品、邮寄物品和其他物品，征收关税,查禁走私,编制海关统计和其他海关业务,其中征收关税是海关的一项重要职能。海关通常设置在边境、沿海口岸或境内的水陆空国际交往的通道。

关境(Customs Territory)又称税境或海关境域,是一国实施海关法的领土。货物只有在进出关境时才被视为进出口货物而征收关税。一般情况下,一国的关境与其国境是一致的,但也有两者不一致的情况,当一些国家在国境内设有自由港、保税区、出口加工区等免税区域时,关境的范围小于国境;当几国结成关税同盟,对内取消一切贸易限制,对外实行统一关税制度时,参加同盟国家的领土即为统一关境,对某一国而言,关境的范围就大于国境。

二、关税的种类

(一)按照征收对象和商品流向分类

1. 进口税

进口税是指进口商品进入一国关境时或从自由港、出口加工区、海关保税仓库等地进入国内市场销售时,由该国海关根据海关税则对本国进口商所征收的一种关税。这是一种主要关税,又称为正税或正常进口关税。

进口税是保护关税的主要手段。通常所说的关税壁垒,主要就是指高额进口税,以此提高进口商品的成本,削弱其竞争力,起到限制进口的作用。进口税按差别待遇或税率的高低不同,主要分为最惠国税和普通税。最惠国税适用于签订有最惠国待遇条款的贸易协定的国家或地区之间的商品贸易。普通税则适用于没有签订贸易协定的国家或地区之间的商品贸易。

第二次世界大战后,大多数国家和地区通过签订贸易条约和协定,互相提供最惠国待遇。故最惠国税通常被称为正常关税,比普通税率低很多。

2. 出口税

出口税主要是指对自己国家的产品出口到国外所需要交纳的税,主要是由国家的海关对这些出口商所征收的一种关税。

从目前很多国家的相关规定来看,很多的国家对出口的产品一般很少征收出口税,主要是为了保持自己本国产品的竞争优势。但是,根据一国的具体情况,有时也会对一些出口商品征收出口税,主要是为保证国内稀有资源、工业原料和生活必需品的供应和使一些商品的出口能有序地进行。

3. 过境税

过境税又称通过税,是一国海关对通过其关境的外国货物所征收的关税,其目的是增加本国的财政收入。由于过境货物对过境国家或地区的生产、市场均无影响,故战后大多数国家都已废除了过境税,只对过境货物收取少量的签证费、印花费和统计费等。

(二)按照税收的目的分类

1. 财政关税

以增加国家财政收入为主要目的而征收的关税叫财政关税。这种税率一般较低,如过高反而达不到增加财政收入的目的,也不利于该国进出口的迅速发展。随着经济的发展,其他税源的增加,关税收入在国家财政收入中所占比重逐渐下降,财政关税就被保护关税所代替。

2. 保护关税

以保护本国工业和农业发展为目的而征收的关税叫保护关税。其税率越高,保护程度越强,有时高得近乎"禁出"和"禁入"的程度。一些经济比较落后的国家往往采用保护关税,以保护和促进本国工业的发展。但帝国主义时期,国家垄断资本主义为了垄断国内市场,往往对高度发展的垄断工业或处于衰退难以与国外竞争的垄断工业征收保护关税,这种关税称为超保护关税。

(三)按照差别待遇和特定的实施情况分类

1. 进口附加税

进口附加税主要是指一个国家对于那些进口产品除了要征收一定的进口税,由于有些特定的原因还需要征收附加税,我们就把这样的税称为进口附加税。一般来说,这种进口附加税是一种针对限制进口所采取的临时的措施手段,所以很多国家也叫为特别关税。进口附加税的征收的主要目的是应付国际上出现的金融危机、国际收支不平衡、防止其他国家的产品低价倾销行为或者是作为报复的一种手段。

在进口附加税中,一种是对所有进口商品征收。例如,1971年,美国出现了78年来首次巨额贸易逆差,为了应付国际收支危机,美国政府实行新经济政策,对进口商品一律加征10%的进口附加税,以限制进口。另一种更常用的是针对个别国家和个别商品征收进口附加税,以限制特定国家或特定商品的进口。这类进口附加税主要有以下两种。

(1)反补贴税

反补贴税一般也可以称为补偿税,主要是指针对那些享受国家补贴或者国家奖励的国外产品进口所需要征收的一种附加税。所以对于那些进口产品凡是在产品的生产、加工、制造、运输等方面接受了国家的补贴,并且在进口国中同类的产品因此这种补贴而使同类的产品造成了重大的损失的,只要符合这些条件就构成了征收反补贴税的条件,就需要征收反补贴税。

反补贴税征收的一般标准是按照奖金或补贴的数额征收。

在国际贸易中,反补贴税被视为进口国抵御不公平贸易的正当措施。反补贴税的出现主要是为了增加那些补贴进口产品的成本,这样就抵消了出口国对这些产品的补贴,从而削弱其竞争能力,维护公平的竞争秩序。

(2)反倾销税

反倾销税主要是指对于一些产品为了能够快速占领市场,采

第四章 国际贸易政策相关措施研究

取低价销售,产品的价格已经低于国内的销售价格,或者是主动把价格降低到生产成本以下,对这种倾销产品进行征收的附加进口税。对产品征收反倾销税主要的目的是为了保护国内的产品,保持一定的竞争优势,防止国外产品采取倾销行为来占领本国的市场。

因此,反倾销税税额一般按倾销差额征收,由此抵消低价倾销商品价格与该商品正常价格之间的差额。

确定是否有商品倾销,主要看本国产品的市场占有率和企业利润是否急剧下降。征收反倾销税主要由受损害企业投诉引起,经过有关部门对投诉的受理和裁决而实行。

投诉是由受到严重损害的企业向本国对外贸易仲裁机构、经济法庭或国际贸易仲裁机构提出,并递交投诉书。投诉书的内容包括:受到损害的严重程度;出口国别和出口商名称;进口商名称;进口价格和数量等。投诉一旦被受理,受理机构就要组织有关人员进行调查。

发达国家不仅通过征收反倾销税来阻止外国进口商品,而且还往往利用较长时间的"反倾销调查",故意拖延时间,使调查实际上起到阻止该商品进口的作用,如美国的反倾销调查从4个月延长到6个月,在调查中有时还故意拖延更长的时间。

我国近年来遭到许多国家的反倾销指控和被征收反倾销税,给出口企业造成了不良后果。原因主要有:我方的低价倾销和不应诉、对方不承认我国为市场经济国家、不恰当地选择替代国等。

2. 差价税

差价税主要是指如果本国生产的一些产品的价格高于国外同类产品进口产品的销售价格的时候,为了更好地保护本国产品的销售量和产品市场,对这些进口产品征收一定的差价税。差价税的征收标准主要是本国产品的价格与进口产品价格之间的差价进行征收。差价税的征收目的是为了保护本国的产品优势,维护好产品之间的价格平衡,使得国外的产品在缴纳一定的税额之后产品的价格与国内产品的价格保持平衡,从而达到稳定产品的市场价格。

因为差价税是随着国内价格与进口价格之间差额的变动而滑动的,所以也称滑动关税(Sliding Duty)。差价税的典型表现是欧盟曾为实施共同农业政策而对进口农畜产品征收此种关税,这是欧盟实行共同农业政策的过渡措施,已于1968年停止。

3. 特惠税

特惠税主要是指从那些受优惠的国家或者地区所进口的产品,对于这些产品给予一定的优惠关税或者免税的措施,而其他的国家或者地区不能享受这样的待遇。国家实行特惠税的目的是为了保持与受惠国之间的贸易往来。特惠税的实施有些是相互的,就是说两国之间同时执行特惠税,有些是非互惠的。

4. 普惠税

普惠税是普惠制下的税制,有些国家把普惠税称为普遍优惠制。普惠税主要是指一些发达国家同意从发展中国家或者地区进口的商品,给予一定的关税优惠政策,这种政策制定的前提下是普遍的、没有互惠的前提和没有任何歧视的因素。这种关税的制定主要是发展中国家在联合国贸易与发展会议上通过不断的努力而形成的,从1971年正式的实施。

普惠制实施的目的在于增加发展中国家和地区的外汇收益,促进发展中国家的工业化,加快经济增长。主要作用是通过关税削减产生的价格影响来体现的。在实际操作中,普惠制的运用给很多的发展中国家的企业带来了具体的实惠。

三、关税的经济效应分析

关税的征收,首先是造成价格的变动,即引起进口商品的国际市场价格和国内市场价格的变动,然后通过价格的变动影响到出口国和进口国在生产、贸易和消费方面的调整,产生了其他的经济效应。

(一)关税经济效应的局部均衡分析

关税经济效应的局部均衡分析是指在其他条件不变时,只对某一种产品在两个国家之间贸易的情况进行分析。对关税经济效应的局部均衡分析主要包括价格效应、消费效应、生产效应、贸易效应、政府收入效应、再分配效应等内容。

1. 价格效应

关税的价格效应由于被保护商品的市场情况以及国内外供给和需求弹性不同,会产生三类价格效应。

(1)价格效应的结果是国内价格上升幅度低于关税水平

一个贸易大国对某种产品的进口课征关税,并且该产品的出口供给和进口需求的价格弹性在零与无穷大之间时,常常会出现这种情况。

以美国与巴西的咖啡贸易为例,美国是巴西咖啡的主要进口国,即进口贸易大国。若美国对从巴西进口的咖啡征收进口关税,则美国国内的市场上咖啡的价格必然上升。由于价格上升,美国人可能会减少咖啡的消费量或改用其他饮料作为替代消费品,从而会最终减少美国对巴西咖啡的进口量。因为美国是主要进口国,其进口占国际市场上该商品的足够大的部分,它会影响世界市场价格,即造成国际市场上咖啡价格的下降。美国国内咖啡价格的上涨幅度小于进口关税幅度,其差额是由于国际市场上咖啡价格下跌所造成的,实际上,巴西负担了美国对商品征收的部分关税。

(2)价格效应的结果是国内价格的上涨幅度等于关税幅度

当一个贸易小国的需求规模不足以影响该进口产品的世界市场价格,即出口供给有完全的弹性且进口需求有不完全弹性时,贸易小国对进口商品征收关税,则该进口商品的国内价格上升幅度等于关税幅度。

(3)价格效应的结果是国内价格没有变化

当征收关税的国家是某种商品的唯一垄断买主,且该商品的出口供给曲线完全缺乏弹性时,进口国对进口商品征收关税后,国内价格不会发生变化。由于外国供应者面对的只是一个买主,他们为了保证销售额就必须降低价格,使价格的降低幅度等于进口关税,国内消费者消费征收关税后的商品的价格仍保持在原来水平。但是,完全无弹性的进口供应曲线是一个极端的例子,现实生活中很少存在。

2. 消费效应

因为产品征收了一定的关税,所以进口产品的价格也相应地进行了一些提高,这对于消费者来说是造成了一定的损失。如果进口产品的需求弹性变化较小,那么产品的价格不会因为需求的升降而产生很大的影响,所以价格一直偏高,对于消费者来说,无论如何变化,同样需要支付较高的价格。如果进口产品的需求弹性较大,价格会随着需求的变化而发生较大的改变,国内的消费者就会减少一定的需求量,造成了物质的匮乏。

3. 生产效应

由于关税是对从国外进口到本国的外来产品征收的,关税主要是给国内的生产商带来一定的好处。国外的产品之所以可以进入到其他国家,最重要的一点是同等质量下同类的产品的国际上的价格低于国内的价格,具有一定的价格优势。与自由贸易相比较来说,对产品征收关税使得国内市场与国际市场进行了一定的隔离,同时也维持了国内产品的市场占有率,国内的生产商得到了一定的保护,从而可以扩大生产和提高销量来巩固自己的市场占有率。

4. 贸易效应

关税的贸易效应是指一国征收关税会使该商品的进口量减少。商品的进口数量减少的主要原因是征收关税后,产品的价格上涨,导致在国内的消费数量减少。在进口产品价格较高的情况下,国内的产品就代替了进口产品,获得了消费者的认可。现在很多国家实施关税征收最主要的目的是保护本国的生产商,减少进口产品数量,发展本国产品。一个国家进口量的减少同时会减少国家贸易收支的逆差,从而也可以避免国际收支逆差带来的负面影响。

5. 政府收入效应

关税是一个国家财政收入的一部分,甚至对于某些国家来说是其财政收入的绝大部分,如前所述的财政关税。即使政府仅出于保护本国工业的目的,对进口品征收关税同样可增加政府的财政收入。

6. 再分配效应

结合前几条不难理解,进口国征收关税之后,通常发生消费者的收入转移给生产者和政府的再分配现象。

(二)关税经济效应的一般均衡分析

通过局部均衡分析可以看到,一国征收关税对该征税商品的价格、生产、贸易、利益分配和消费等经济行为产生了影响;然而,一种商品价格的变动会相对地影响到其他商品的价格,进而影响到其他商品的生产、贸易、利益分配和消费,因此,有必要采用一般均衡分析进一步探究关税的经济效应。由于一国在某种商品贸易中的不同地位,会对该商品的国际市场价格产生不同的影响,因此我们将一般均衡分析分为小国关税的一般均衡分析和大国关税的一般均衡分析。

1. 小国关税的一般均衡分析

小国征收关税减少的进口商品需求,不能影响世界市场价格,只能影响国内价格上涨,结果造成某些产品的生产成本提高,出口竞争能力降低,出口减少,消费者和出口商都受到损失,本国整体福利水平下降。征收关税的损失最终是由征收关税的小国自己全部承担。由一般均衡分析可知,贸易小国征收进口关税对其福利水平的影响是负面的。

2.大国关税的一般均衡分析

大国对进口商品征收关税以后,同样会导致该进口商品的国内市场价格上升,使进口替代商品国内相对价格上升,导致国内的出口商品生产和进口替代商品生产的资源转换,从而产生资源利用的效率损失,会降低该国的福利水平。这类似于小国征收关税的分析。与小国征收效果不同的是,该大国进口品国内生产的扩张和由于进口品国内价格的上升、消费减少双重原因导致的进口量减少会影响世界市场价格,造成该进口品世界市场价格下跌,同时出口供给的减少造成出口商品的世界市场价格上升。这两种趋势的变化使大国的国际贸易条件改善,从而导致该国福利水平的提高。

由此可见,大国征收关税的一般均衡分析要比小国复杂,这是因为大国征收关税存在贸易条件效应,而小国不存在。一方面,大国关税的保护会降低大国的社会福利水平;另一方面,其贸易条件的改善又会增进大国的社会福利水平。这两种反向的关税经济效应使大国最终整体福利水平的变化方向是不确定的:当关税的保护成本大于贸易条件效应时,大国征收关税会造成社会福利损失;当关税的贸易条件的正效应大于贸易保护的负效应时,征收关税反而会使大国的社会福利水平得以提高,而相应的损失则由外国出口商承担了。

(三)关税对世界贸易的影响

关税作为外贸政策的一项重要措施对世界贸易的影响是多方面的:各国的关税征收的高低会直接影响到世界贸易的兴衰,同时也会影响到世界贸易中的商品地理位置分布和商品结构的形成。

一般来说,在其他条件不会变化的前提下,国际市场上的主要国家的关税征收的高低和增减程度与世界贸易发展的快慢成反比的关系。

当世界各国普遍的提高关税,增加关税的壁垒,世界贸易的发展速度就很缓慢,反之,如果世界各国的关税税率降低,世界贸易的发展速度就很快。

关税还在一定程度上影响着世界贸易的商品结构和地理分布。在战后世界贸易自由化过程中,发达资本主义国家对工业制成品进口关税的下降幅度超过对农产品关税的下降程度,发达资本主义国家之间的关税下降幅度超过它们对发展中国家和社会主义国家的下降幅度,经济集团内部关税下降幅度超过其对集团外的下降幅度。这些特点,使国际贸易中工业制成品贸易的增长超过农产品贸易,使发达资本主义国家之间的贸易增长超过它们与发展中国家和社会主义国家之间的贸易,也使某些集团内部贸易的增长超过其对集团外的贸易增长。

第二节 非关税措施

非关税措施泛指一国政府为了调节、管理和控制本国的对外贸易活动,从而影响贸易格局和利益分配而采取的除关税以外的各种行政性、法规性措施和手段的总和。

一、非关税措施的含义

非关税措施,是指除关税措施以外的一切限制进口的措施。

关税是限制进口的最基本手段,但"二战"以后,尤其是20世纪60年代后期以来,在GATT的推动下,进行了八个回合的多边谈判,关税总水平大幅度下降,因而关税的保护作用越来越弱,这使得发达资本主义国家必须寻求其他的贸易保护措施,所以非关税壁垒的运用越来越广泛。到20世纪70年代中期,非关税壁垒从60年代末的850多种,增加到20世纪末的3 000多种,并且仍有增加的趋势。目前,世界各国使用的非关税壁垒已经超过5 000种。

二、非关税措施的种类

非关税措施名目繁多,内容复杂,有多种分类方法。联合国贸易与发展会议将非关税措施分为三种类型,每种类型分为 A、B 两组,其中 A 组为数量限制,B 组为影响进口商品的成本,如表 4-1 所示。

表 4-1 联合国贸发会对非关税措施的分类

1.为保护国内生产不受国外竞争而采取的商业性措施
A 组:(1)进口配额 (2)许可证 (3)"自动"出口配额 (4)禁止出口和进口 (5)国营贸易 (6)政府采购 (7)国内混合规定
B 组:(8)最低限价和差价税 (9)反倾销税和反补贴税 (10)进口押金制 (11)对与进口商品相同的国内工业生产实行优惠 (12)对与进口商品相同的国内工业实行直接或间接补贴 (13)歧视性的国内运费 (14)进口商品时在信贷方面的限制
2.商业性政策以外的用于限制进口和鼓励出口的措施
A 组:(15)运输工具的限制 (16)对于进口商品所占国内市场份额的限制
B 组:(17)包装和标签的规定 (18)安全、健康和技术标准 (19)海关检查制度 (20)海关估价 (21)独特的海关商品分类

续表

3. 为促进国内替代工业的发展而实行的限制进口措施
（22）政府专营某种商品
（23）政府实行结构性或地区性差别待遇政策
（24）通过国际收支限制进口

三、非关税措施的新发展

（一）技术贸易壁垒

技术性贸易壁垒(Technical Barriers to Trade,TBT)是非关税壁垒中发展最为广泛的一种形式,是指一国政府或非政府机构,以维护国家安全、保护人类健康和安全、保护动植物生命及健康、保护环境、防止欺诈行为等为目的,制定和实施技术法规、标准以及确定产品是否符合这些技术法规和标准的合格评定程序时所形成的贸易障碍。在国际贸易的实践中,技术性贸易壁垒呈现出广泛性、隐蔽性、歧视性、影响大、争议性大等特点。

技术性贸易壁垒是一个体系,主要由技术法规和标准；质量认证和合格评定程序；卫生检疫标准；商品包装和标签的规定；绿色壁垒和信息技术壁垒六个方面构成。

1. 技术法规和标准

技术法规和标准是进口国为保证各种商品的进口质量符合一般的技术要求而做出的规定。技术标准主要适用于工业制成品。然而一些国家为限制某些商品的进口,常常规定一些外国出口商难以掌握的技术标准或技术要求,以便寻找阻止外国商品进入本国市场的理由。技术标准是一项比较严厉的非关税壁垒措施,意味着进口商品可能因为技术标准而被拒之门外。

2. 质量认证和合格评定程序

质量认证是根据技术规则和标准对生产、产品、质量、安全、环境等环节以及整个保障体系的全面监督、审查和检验,合格后由国家或外国权威机构授予合格证书或合格标志来证明某项产品或服务是符合规定的规则和标准的活动。目前在国际上影响较大的质量认证体系有ISO9000系列标准、ISO14000环保系列标准、美国的产品安全认证体系UL、欧盟的CE标志、日本的JIS标准(日本工业标准标志)等。

3. 卫生检疫标准

卫生检疫标准是一国对进口的动植物及其制品、食品、化妆品等所实施的必要的卫生检疫,以免疾病或病虫害传入本国。卫生检疫规定主要适用于农副产品及其制品。从非关税措施发展趋势来看,各国特别是发达国家更加广泛使用卫生检疫标准来限制进口。从社会整体利益来看,制定卫生检疫标准是有必要的,但是许多发达国家的卫生检疫标准往往包含其他国家,特别是发展中国家难以达到的要求,以此来限制进口。

4. 商品包装和标签的规定

许多国家对在本国市场销售的商品订立了种种包装和标签的条例,以防止包装材料所形成的对环境和消费者的负面影响,当然这其中也有很多只是为了对国外出口制造出口障碍。这些商品包装和标签的规定往往内容繁杂、手续麻烦,从而增加了出口商的成本,削弱了竞争力。例如,有的国家规定进口食品和作食品用消费品必须以法文和英文标明品名,并在商品的明显地方标明商品的重量、名称和外国生产者或进口商的名称或地址。

5. 信息技术壁垒

EDI和电子商务将是21世纪全球商务的主导模式,而电子商务的主导技术是信息技术。目前,由于发达国家在信息技术上处于领先地位,其在信息技术标准的制定上处于主导地位。发展中国家则由于信息技术落后——表现在信息不透明,如合格认定程序;信息传递不及时,如技术标准更改;信息传递受阻等方面,以致在国际贸易中处于被动地位,甚至被"边缘化"。发达国家还有目的、有意识地联合起来,试图控制和垄断世界信息资源,以达到继续主导国际贸易的目的。

6.绿色壁垒

所谓"绿色壁垒",又称"环境壁垒",它是指一种以保护生态环境、自然资源和人类健康为借口,直接或间接采取的限制甚至禁止贸易的保护措施。绿色壁垒产生于20世纪80年代后期,90年代开始兴起,最典型的是1991年美国禁止进口墨西哥的金枪鱼及其制品,其理由是为了"保护"海豚的生存。日本、欧洲等发达国家也纷纷效仿,通过绿色壁垒对进口产品进行种种限制。其后,"绿色"贸易保护主义开始流行。

绿色壁垒涉及的内容极为广泛,不仅初级产品而且所有中间产品和工业制成品,在研制开发、产品设计、生产加工、包装、运输、销售乃至消费整个过程中,都应符合有关国际环保公约、国别环保法律、法规和标准,凡未达标准的就要受限制。

绿色壁垒不仅内容广泛,而且形式多样。

(1)绿色关税及制裁。对达不到本国标准的进口产品往往征收进口附加税、课以罚款、限制甚至禁止进口。

(2)绿色技术标准和绿色标志。要求进口产品达到ISO9000和ISO14000等系列标准,对合格产品贴上绿色标志,颁发绿色许可证、配额等。

(3)绿色包装。要求包装材料节约资源,减少废弃物,利于回收,自然分解,否则将严加限制。

(4)绿色卫生检疫制度。发达国家对食品的安全卫生指标十分敏感,尤其对农药残留、放射性残留、重金属含量的要求日趋严格。严格的标准和程序往往成为控制发展中国家产品进口的重要手段。

(5)绿色补贴。为了公平竞争,必须将资源环境费用内在化以降低外部负经济效应,对以任何借口获得政府"环境补贴"的产品都要严加限制。

（二）国产化成分要求和混合性购买要求

国产化成分要求（Domestic Content Requirement）是指在本国生产和组装的产品必须含有规定的最低数量的本国价值增值，其形式包括支付给本国工人的工资或者是本国厂商制造的原材料或零部件。国产化成分的要求在两个层次上实施了进口保护：限制那些未达到国产化成分要求的产品进口；限制了外国原材料和零配件的进口，而只好使用本国生产的产品。例如，在马来西亚和其他国家中，国产化成分要求强制汽车制造商更多地使用本地厂家生产的汽车零部件（如金属壳、坐垫套等）。国产化成分如果制定得非常高，可以强制使发动机或变速器等一些更为昂贵的部件也必须由本国生产。

另外一种与之相关的非关税壁垒有时候被称为混合购买要求（Mixing Requirement）。该要求规定进口商或进口分销商必须购买一定比例的本地产品。例如，菲律宾政府规定国内零售百货商店，其货架上必须至少有30%的产品源自国内。这种混合购买要求也被用来限制外国娱乐产品的进口：加拿大经常对广播电台和电视台制定"加拿大时间"的要求，迫使它们按一定比例的时间播出加拿大录制的歌曲和影视节目。

像产品标准一样，国产化成分要求以及混合购买要求也没有给政府带来任何关税或者税收收入。商品涨价的受益被那些被保护产品的国内销售者得到。这些要求带来了无谓的损失，因为被保护产品的本国需求下降或者会以更高的成本进行生产。

四、新型非关税壁垒的经济效应分析

新型非关税壁垒具有与传统非关税壁垒不同的特点，不再单纯地以数量来限制进口，从而具有不同于传统非关税壁垒的经济效应。下面以技术性贸易壁垒为例来加以说明。

(一)技术性贸易壁垒对进口国的影响

技术性贸易壁垒对进口国有关产业有一定的保护作用,在各个国家中(尤其是西方各国)已成为限制进口的重要手段。根据保护本国工业的意愿,这些技术标准不仅在条文本身上限制了外国产品的进口,而且在实施过程中也为外国产品的销售设置了重重障碍。

总体来说,如果不考虑供需量的数量变化和供求方面的弹性变化,技术性贸易壁垒对进口国的产品价格的影响主要有以下几个方面。

(1)如果进口国所采取的技术壁垒措施直接影响到了产品进口数量的变化的时候,进口国的同类产品所面临的竞争压力就会减弱,那么产品的价格就可以得到提高。

(2)如果进口国所采取的技术壁垒措施没有影响到产品进口数量的变化,那么进口国的同类产品所面临的竞争压力就会增加,所以产品价格就会降低。

如果考虑供需量的数量变化和供求方面的弹性变化,那么技术性贸易壁垒措施对价格的影响就会变得比较复杂。要从两个方面进行探讨。

(1)供需量方面的变化。如果进口商品的供给量受到了技术壁垒的影响,所限制的数量增加,那么能够进口商品的数量就会减少,当进口国的产品国内需求不变的情况下,就会产生供求不平衡,进口国的产品价格就会大幅上涨,当这样的限制越来越多的时候,而进口国的需求量不断扩大的时候,但是能够进口的产品数量又在不断地减少,那么国内产品的价格就会面临较大幅度的上涨。

(2)供求方面的弹性变化。如果进口国的国内供应弹性变化较大的时候,进口国的产品价格稍微提高的时候,国内的产品供给量就会大幅增加,所以国内产品的价格上涨的幅度变化较小。如果进口国的国内供应需求弹性越小,进口国的产品价格稍微提高的时候,国内的产品供给量就会大幅降低,所以国内产品的价格上涨的幅度变化就会较大。

(二)技术性贸易壁垒对出口国的影响

1. 制约出口

技术性贸易壁垒较关税壁垒和传统的非关税壁垒具有更强的制约出口的作用,且更具广泛性、歧视性和隐蔽性。

2. 影响市场准入

名目繁多的技术法规和不断提高的技术标准以及规定复杂的产品质量认证制度及合格评定程序等技术性壁垒,提高了出口国产品进入进口国市场的门槛。很多出口厂商因达不到相应的技术标准而无法使产品进入国际市场。

3. 影响价格竞争力

出口企业为了能够扩大竞争力,让更多的产品能够达到进口国的市场标准,必须增加一定的投资,主要包括了一些先进技术的引进、生产设备的采购、高级人才的培训和产品包装的升级等很多方面,所以会增加企业的生产成本,降低了产品在国际市场上的价格优势。

特别是一些发展中国家所制定的评估技术和标准、技术的认证和测试,很多都比较落后,远达不到发达国家或者进口国的认可,所以在产品贸易出口中,很多国家会指定一些国际上权威的认证机构进行认证,而这样的机构一般收费十分的昂贵,这样也就造成了出口企业成本的增加。比如,日本每年都需要进口很多的菠菜,这些菠菜中很多都来自于中国,而日本政府就通过增加抽样次数的手段,从而增加了菠菜的检验费用,从以前的每批 5 万日元增加到 80 万日元,这样就增加了很多的费用,也让中国的企业不能获得更多的利润。

第三节 鼓励出口和出口管制措施

世界各国除了利用关税和非关税措施限制与调节外国商品进口外,还采取各种鼓励出口的措施,扩大商品的出口;在促进出口的同时,又对特殊商品加以管制,对出口的鼓励措施和管制措施构成一国对外贸易政策的重要组成部分。

一、鼓励出口的措施

(一)信贷政策措施

1. 出口信贷

出口信贷(Export Credit)是出口国政府鼓励本国银行对本国出口商、外国进口商、进口方银行提供优惠贷款,以促进本国商品的出口。

出口信贷通常用于出口金额比较大、占用资金较多且从生产到交货期限较长的出口贸易,如成套设备、船舶、飞机等。对进口商来说,一时难以支付如此巨额的货款,而对出口商来说,要垫支如此大数额的款项,也不利于资金周转。这样由出口国提供出口信贷,如贷给进口商,使进口商能用这笔贷款购买出口国的商品;如贷给本国出口商,使出口商能以这笔资金用于出口。20世纪80年代后,我国逐步开始运用出口信贷支持国内外贸企业扩大出口。

(1)买方信贷

在大型机器装备和成套设备贸易中,由出口商(卖方)所在地银行贷款给外国进口商(买方)或进口商的银行,给予融资便利,扩大本国设备出口,这种贷款叫买方信贷。这种贷款的前提就是必须用于购买债权国的商品,这就是所谓的约束性贷款(Tied

Loan)。

如果直接贷给进口商所在地银行,则贷款协议由双方银行签订,同样以贸易合同为基础,但与贸易合同是相对独立的两个契约。然后再由进口方银行贷款给进口商。还款时,则由进口商银行根据贷款协议向出口方银行还贷,进口商与进口商银行间的债务,按双方商定的办法在国内清偿结算。

由于进口商与本国银行之间的债务关系可以在国内结算清偿,可以使进口方较快地得到供款和减少风险,而且进口商对货价以外的费用比较清楚,便于与出口商进行讨价还价。因此买方信贷这种方式在目前较为流行。

(2)卖方信贷

在一些大型机械设备和成套设备的国际贸易中,为了方便出口商采用延期付款的方式来出让设备,出口商所在国的银行就可以对出口商提供一定的信贷,这就是指卖方信贷。具体的操作如下。

①出口商选择延期付款或者是赊销方式来向进口商销售大型机械设备或者成套设备。双方在签订合同的时候,进口商可以先支付10%~15%的合同款作为定金。在商品交货验收后和保证期满的时候,再分期付给出口商10%~15%的合同款,剩余的70%~80%的合同款在全部交货后的合同所规定年份内采用分期偿还的方式,并且支付合同中所规定的利息。

②出口商向所在国的银行协商贷款,与银行签订贷款协议,以便融通资金维持企业的经营。

③进口商按照合同的规定在规定年限内分期偿还给出口商剩余的合同款后,出口商再根据贷款协议,把合同款偿还给银行。

2. 出口信贷国家担保制

出口信贷国家担保制(Export Credit Guarantee System,ECGS)就是国家为了扩大出口,对于本国出口厂商或商业银行向外国进口厂商或银行提供的信贷,由国家设立的专门机构出面担保,当外国债务人拒绝付款时,此国家机构即按照承保的数额给予补偿。

出口信贷国家担保制的主要内容包括：担保的项目与金额、担保对象、担保期限与费用等。

（二）财政政策措施

1. 出口补贴

出口补贴（Export Subsidies）又称出口津贴，是一国政府在商品出口时，给予出口厂商的现金补贴和财政上的优惠，目的在于降低出口商品的价格，增强其在国际市场的竞争能力。由于出口商因此得到更多盈利或亏损补偿，其出口积极性增强。政府对出口商品可以提供补贴的范围非常广泛，主要有两种形式。

（1）直接补贴

直接补贴（Direct Subsidies）是直接付给出口商的现金补贴。第二次世界大战后，美国和欧洲一些国家对某些农产品的出口，就采用这种形式。这些农产品的国内价格一般要比国际市场价格高，若以国际市场价格对外出口，出口厂商就会亏损。这差价部分由本国政府给予补贴即价格补贴，这样可以鼓励厂商出口。有时候，补贴金额可能会大大超过实际的差价或利差，这就包含了出口奖励的意味，不同于一般的出口补助，即收入补贴，包括对企业的出口亏损进行补偿等。例如，中国外贸企业在改革开放以前都是国有国营的，当然出口的亏损也都由政府承担。

（2）间接补贴

间接补贴（Indirect Subsidies）又称隐蔽性补贴，是指政府对某些出口商品给予财政上的优惠。主要包括退还和减免各种国内税（如消费税、增值税等）；退还进口税；免征出口税；提供信贷补贴、汇率补贴等。

2. 出口减退税

出口减税是指政府对出口商品的生产和经营减免各种国内税和出口税。出口减税的作用在于帮助出口商降低产品成本，提高国际市场竞争能力。出口减税具体包括：一是减免国内各种直接税和间接税;二是免征出口税。出口减税的具体水平取决于政府对这种商品生产的支持程度。

出口退税(Export Drawback)是指各个国家按照消费地原则征收商品税(国内称之为增值税,部分商品同时征收消费税),对出口商品不予征税(或按零税率征收),对进口商品则征收国内商品税。如果在商品出口之前,各国按生产地原则已经征收国内商品税的情况下,各国应在商品出口时,退还全部税款,当进口时则对进口商品征收国内商品税。实行彻底的出口退税政策,是完全符合国民待遇原则的,也有利于世界资源配置的效率。出口退税符合 GATT 与 WTO 的基本原则,并在国际贸易实践中广泛使用。

出口退税的目的是要通过退还出口货物的国内税以避免国际经济交往中的重复征税,平衡出口货物与国内销售货物的税收负担,更主要的是,出口退税可以降低出口货物的成本,以不含国内税的形态进入国际市场,从而在国际市场上的竞争力得到加强。

出口退税的效果体现在三个方面。

(1)出口商品的零税率可以避免由于出口国和进口国税收制度的差异带来的价格紊乱,从而确保在世界市场上进行公平竞争。对出口国来说,出口退税使得出口部门与进口竞争部门一样不受歧视,其结果是减少可能的"反出口倾向"。

(2)进口国的消费者无须在购买进口产品时支付本国税收之外再负担出口国对这些产品征收的税,这样,避免了对同一产品在出口国和进口国重复征税,从而保护了进口产品消费者的利益。

(3)通过对出口产品退还国内税,出口企业可以降低出口产品价格,恢复出口产品的真正的比较优势,从而有助于改进出口国的出口结构。

可见,出口退税基本上是与贸易自由化相兼容的、具有中立性的贸易政策工具。严格地说,出口退税不是出口激励措施,但出口退税制和退税率的变化客观上起到调节出口的作用。

出口减税和出口退税不同,前者发生在出口商品的生产经营过程,而后者则发生在出口商品的出口过程中或出口过程之后的一定时期。相对来说,出口减税使出口商品生产经营者的生产投入下降,便利了资金周转期,因而更有利于出口商。例如,加拿大政府规定,凡是进口加工后复出口的商品,可免交制造商销售税。

3. 出口奖励

出口奖励主要是指国家政府为了鼓励出口商更加积极地完成出口任务,按照这些出口商的实际出口数量给予的一些奖励政策。实行出口奖励政策就是为了鼓励更多的出口商能够进一步的扩大生产规模,生产出更多能够出口的产品,增加一定的出口能力。

出口奖励的主要奖励形式是以现金的形式,也有出口奖励证书、外汇分红等其他的形式。一般来说,外汇分红的形式主要是政府从所取得的外汇收入中提出一部分的外汇来给予出口商。出口奖励证书主要是政府颁发给出口商的一种荣誉证书,证明该出口商对国家的出口业务贡献了一定的力量,这样的证书不仅是荣誉的象征,也是该出口商一定实力的象征。

在很多国家,出口奖励通用的做法是在一定时期内,按照总出口额的总数量为基准,给予一定比例的奖励。这种奖励与出口商是否盈利没有任何的关系,只要有一定的出口数量,就会给予一定的奖励。有些国家则对那些从事政府扶持的出口产业的产品出口经营并取得突出成绩的出口商予以重奖。

(三)倾销政策措施

1. 商品倾销

商品倾销是指出口商以低于国内市场的价格,甚至低于商品生产成本的价格,在国外市场大量抛售商品的行为。商品倾销可分为以下几种类型。

(1)偶然性倾销

偶然性倾销主要是指由于销售的旺季已经过去或者公司需

要改变经营业务,这些产品在国内市场上已经出现了销售困难的情况,为了能顺利把这些产品销售出去,可以采用倾销的方式到国外的市场中进行处理。偶然性倾销这种方式对于那些进口国的同类商品有些不利的影响,但是由于时间较短,发生的概率也不是特别高,属于偶然性的行为,所以进口国一般很少采用反倾销措施。

（2）掠夺性倾销

掠夺性倾销主要是指一些出口商为了能够快速地占据国外市场,采取低于国内市场的销售价格,甚至低于产品的成本价格在国外的市场进行销售,通过这样的方式来与竞争对手进行抗衡,等取得了一定的市场占有率之后,把产品的价格进行调整和提高,来挽回以前的损失。由于这种掠夺性倾销严重影响了进口国的市场,所以进口国一般会对这样的倾销采用反倾销措施来保护自己本国的市场。

（3）长期性倾销

长期性倾销主要是指出口商的产品在国外进行销售的价格长期低于国内的价格,这样的倾销具有一定的持续性和长期性,但是出口的价格一般是高于成本价格,如果低于成本价格的话,那么出口商就长期处在一个亏损的状态。采用这样的倾销方式一般是想扩大生产规模,这样来降低生产成本。在有些国家,出口商是为了得到政府的优惠政策而采用这样的长期倾销的方式。

（4）隐蔽性倾销

这种倾销是出口商按照国际市场上的正常价格出售商品给进口商,而进口商则以倾销性的低价在进口国国内市场上抛售,其亏损部分由出口商给予补偿。

商品倾销是通过人为的措施提高商品竞争力、扩大出口的手段,是一种不公平的贸易行为,这种行为受到各国的谴责。为此,关贸总协定做出严格规定加以规范,授权进口国可以征收反倾销税进行抵制。

2. 外汇倾销

外汇倾销主要是指一些出口商利用本国的货币处于贬值的阶段而向国外销售产品的一种特殊的手段。当一个国家的货币在国际上处于贬值阶段,出口的商品的价格就会不断的降低,这样产品就有很好的价格优势,从而也能够不断的扩大出口的数量,但是货币贬值的同时,进口商品价格也在不断地升高,这样就减弱了进口产品的竞争力。一个国家的货币贬值同时会影响到出口和进口,这种作用具有双重性。

所以说外汇倾销这种方式不是无条件和无限制的进行,必须在一定的条件下才能实现扩大出口的目标。

(1) 一个国家的货币贬值速度要大于国内物价涨幅的程度。当一个国家的货币处于贬值阶段,肯定会引起国内物价的上涨,如果国内物价的涨幅程度大于了货币的贬值速度,那么外汇倾销的前提条件就不存在了,也就没有外汇倾销一说。

(2) 其他国家不会采取同等程度的货币贬值行为或者采取一些报复性的措施。如果其他的国家也采取同等程度的货币贬值措施,那么这两国之间的贬值程度就是相互抵消的,货币之间的汇率仍然保持不变,所以不存在外汇倾销了。如果其他国家采取了一些提高关税等手段来抵消这样的货币差距,那么外汇倾销也就没有存在的意义了。

二、出口管制的措施

(一) 出口管制的目的

1. 经济目的

出口国为了保护国内稀缺资源或非再生资源,维持国内市场的正常供应,促进国内有关产业部门或加工工业的发展,防止国内出现严重的通货膨胀,保护国际收支平衡,以及稳定国际市场商品价格,防止本国贸易条件恶化等,常常需要对有关商品出口进行适当控制,甚至禁止出口。

2.政治目的

出口国为了干涉或控制进口国的政治经济局势,在外交活动中保持主动地位,遏制敌对国或臆想中的敌对国的经济发展等,往往以出口控制手段给进口国施加压力或对进口国进行经济制裁,逼其在政治上妥协或就范。如美国对中国的出口控制就属于这一类。

3.军事及其他目的

如各国都有义务对可能用于核武器制造的技术、装置、原料的出口实行管制;国际社会对化学武器及其原材料的出口管制;为了人权目的,对劳改产品出口的禁止等。

(二)出口管制的商品

出口国对以下几类商品一般实行管制手段。

(1)具备一定先进技术和尖端设备的战略物资以及所研发的资料信息。比如,很多国家拥有世界很强的武器设备,具有高端先进设备的军用战斗机、先进的计算机以及航空等方面的技术资料。对于这些含有高科技的设备和物资很多国家都采用管制手段,只有取得政府颁发的许可证才有机会被带出去。

(2)一些在国际市场上占有主导地位的重要商品。这些商品对于发展中国家来说是十分重要的,也是国家实力的一个重要体现,所以对于这些商品也采取出口管制的手段。由于很多的发展中国家所拥有的出口商品比较单一,出口的市场区域也比较的集中,所以遇到市场价格下跌的情况,需要尽量的控制这些重要商品的出口,以避免市场不利环境给本国的经济带来巨大的损失,所以对这些重要商品采取一定的管制手段。比如石油输出国就对石油的出口有着严格的控制和监督,只有这样才能稳定住石油的价格,保持国家的实力。

(3)需要"自动"限制出口的商品。迫于对方国家或某一集团的强大压力,某些国家为了缓和与对方的贸易摩擦,不得不对某些具有很强国际竞争力的商品实行出口管制。

(4)紧缺物资。由于本国对于物资的需求量很大,这些商品对于本国来说都属于紧缺物资,如果不对这些物资进行出口管制,势必会对国内的需求造成很大的影响,从而影响了本国的经济发展,所以这些紧缺物资也不适合出口。

(5)为了保护本国的生态平衡,更好地保护自己本国所拥有的珍稀动植物,所以这些重要动植物应该受到出口管制。比如,象牙、虎骨、熊猫等珍稀动物以及药材都属于管制物品,不能随意地带出国,如果被抓到就按照走私追究法律责任。

(6)高技术设备实施严格的单方面出口管制。比如,美国仍对中国实行高技术控制,迫使英特尔公司、美国电报电话公司、国际商用机器公司(IBM)等只好将它们最好的技术束之高阁。美国的这一举措大大损害了美国自身的贸易和经济利益。为此,美国国会在1995年推出了新的出口控制法案,以使美国国家安全和出口商的商业利益达到更好的平衡和协调。

(7)本国的文物和艺术品。一些具有很高收藏价值和历史文化的产品都属于管制产品。国家对于这些文物都进行严格的监督和控制,以此手段来保护自己国家的文物不外流,保护自己本国的艺术遗产。

(三)出口管制的形式

1. 单边出口管制

即一国根据本国的出口管制法案,设立专门的执行机构,对本国某些商品的出口进行审批和颁发出口许可证,实行出口管制。美国长期以来就推行这种出口管制战略。早在1917年,美国国会就通过了《1917年与敌对国家贸易法案》,禁止所有私人与美国敌人及其同盟者在战时或国家紧急时期进行财政金融和商业贸易上的交易。第二次世界大战结束后,为了对当时存在的社会主义国家(如苏联)进行禁运,又于1949年通过了《出口管制法案》,以禁止和削减全部商品和技术资料经由贸易渠道出口。这个法案以后几经修改,直至《1969年出口管理法》出台才被取代。以后美国国会又颁布了《1979年出口管理法》《出口管理法1985年修正案》等,这些法案或修正案一次比一次宽松,但主要规定不变。

  1989年冷战结束后,世界政治经济形势发生了巨大的变化,商业利益已越来越和国家安全利益并驾齐驱。一方面,冷战结束后威胁世界安全的军事存在并没有消除,因此有必要对出口技术和设备继续实施严格的单方面出口管制,以防止核武器、生化武器的扩散。另一方面,由于出口管制,美国的出口商丧失了世界市场份额,而让外国竞争者乘虚而入。据估计,美国在制造业每年出口损失高达300亿美元,计算机业每年也不得不损失102亿美元的海外订单。比如,美国休斯敦公司曾试图与中国合作建造卫星项目,但终因美国政府对中国实行技术制裁而失掉数亿美元的生意。又比如,美国对中国实行高技术控制,迫使英特尔公司、美国电报电话公司、国际商用机器公司等只能将它们最好的技术束之高阁,眼睁睁地看着中国有关市场的贸易额每年以30%的高速度发展而一筹莫展。显然,这大大损害了美国的贸易和经济利益。在这种背景下,美国在1995年推出了新的出口控制法案,尽量使美国国家安全和出口商的商业利益达到更好的平衡。

  2. 多边出口管制

  多边出口管制就是指几个国家具有共同的经济和政治目的,这些国家的政府之间相互协商以统一的方式来建立一个国际性的多边出口管制机构,这个机构主要负责制定多边出口管制的货单和国家,同时也制定一些多边出口管制的制度和方法等,从而协商多边出口管制的措施,最后由参与国根据达成的统一意向,自行解决出口商品具体的出口手续和申报手续。

(四)出口管制的主要措施

  1. 国家专营

  对一些敏感性商品的出口,由政府指定的专门机构和组织直接控制和管理,如澳大利亚和加拿大对小麦出口实行国家专营。

2. 实行出口配额制

结合出口许可证有效地控制出口商品规模,如美国对糖、日本对小麦都实施这种数量控制措施。

3. 征收出口关税

政府对管制范围内的产品出口课征出口税,并使关税税率保持在一个合理的水平,以达到控制的目的。

4. 对出口工业征收产业税

如果对出口工业征收产业税,即不仅对出口产品征税,在国内销售的产品也要征相同的税收,那么,国内出口工业的实际成本就相应提高了。

5. 商品清单与国别分组

即将商品按照技术水平、性能和用途的不同,编制清单,明确规定某类商品出口到不同国家所要求的许可证。

6. 出口禁运与进口抵制

出口禁运是制裁国停止向被制裁国出口特定或全部商品。这是一种最严厉的控制措施,一般将国内紧缺的原材料或初级产品列入禁运之列。进口抵制是制裁国停止从被制裁国进口特定或全部产品,其效果与出口禁运很相似。

三、鼓励出口和出口管制措施的经济效应分析

与关税措施和非关税措施产生的宏观经济学效应不同,鼓励出口和出口管制措施是为了实现一国的微观经济战略,所以对于我国这样的大国来说其影响的领域通常仅限于一个产业内部。换句话说也就是鼓励出口和出口管制措施产生的经济学效应是微观的。

总体上,关于产业的出口措施影响,大概可以分为两类,分别是产品价格上涨和产品价格下降,分析起来具有一定的相似性。

因此,这里仅仅对出口补贴这一措施的经济学效应进行具体分析,其他措施的影响读者可以仿照这个方法进行自主分析。

从经济效应上看,出口补贴的结果会使出口工业生产增加,国内消费减少,出口量增加,国内价格上涨。由于出口补贴使得出口比在国内销售更加有利可图,而且政府没有限制出口数量,企业当然要扩大生产,尽量出口,除非在国内市场销售也能获得同样的收入。又由于补贴只是给出口的商品,要想在国内市场获得同样的收入,除了提价别无他法。在涨价之后,消费自然减少。从另一个角度说,国内消费者也必须付出与生产者出口所能得到的一样的价格,才能确保一部分商品留在国内市场而不是全部出口。如图4-1所示,出口产品的国际价格为P_W,在没有补贴时,生产量为OQ_S,国内需求量是OQ_D,出口量Q_DQ_S。现在假设政府对每单位商品的出口补贴为S,单位商品出口的实际所得变成(P_W+S)元。在这一价格下,生产者愿意扩大生产增加出口,新的生产量为$OQ_{S'}$,国内的需求量则因为国内市场价格的上升而下降至$OQ_{D'}$,供给在满足了国内需求之后的剩余$Q_{D'}Q_{S'}$即为出口。由于国内价格上涨,消费者剩余减少面积$(a+b)$,生产者剩余增加面积$(a+b+c)$。因政府又提供了面积$(b+c+d)$的补贴,所以,政府补贴与消费者损失之和减去生产者盈余后,整个社会仍发生净损失$(b+d)$。

但是,如果受补贴方是个出口大国,出口补贴对其国内价格、生产、消费及社会利益虽然具有相同的经济效应,但程度是不同的。因为出口大国增加出口的结果会造成国际市场价格下降,出口商品生产者就不能得到全额出口补贴效益,生产和出口的增长也会小于小国,国内价格的涨幅和消费量的下降也会低于小国,但整个社会的净损失却比小国实行补贴时要大。因此,在出口已占世界市场很大份额时,还使用补贴来刺激出口未必是明智之举。

由于各国都实行奖出限入的外贸政策,因而纷纷采取形形色色的补贴措施以促进本国产品出口,而进口国政府往往采用反补贴以抵制和消除补贴这种行为对进口国有关产业的不利影响。因此,补贴和反补贴已成为当今国际经济贸易关系中的一个突出问题。

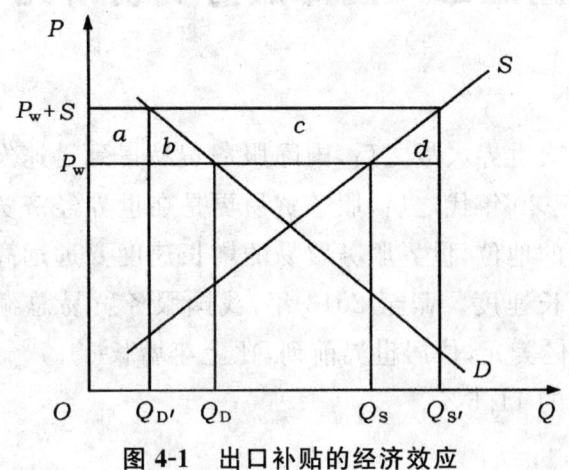

图 4-1　出口补贴的经济效应

应当看到,出口补贴行为会扭曲商品在国际市场上的价格,易于在价格竞争中获取一定优势,甚至会对进口国的商品或同类商品的生产造成损害。就此而言,出口补贴行为显然是国际贸易中的不公平行为。然而,对于经济落后的发展中国家来说,给予某些出口工业制成品以适度的补贴,仍旧是减少其国际收支逆差的重要一环。鉴于此,世界贸易组织在原则上反对出口补贴行为的同时,还是允许某些发展中国家在特殊情况下可以适度运用这种做法。因此,我们应该正确对待和运用这种手段,既充分遵循国际规范,又不放弃可以增强本国出口制成品竞争力的时机。

第五章 国际服务贸易研究

在第二次世界大战之后,国际服务贸易得到迅速发展。特别是在 20 世纪 80 年代之后,服务贸易更是在世界经济贸易中占据了不可替代的地位,世界服务贸易的增长速度要远远高于世界货物贸易的增长速度。截至 2013 年,我国服务贸易总额已经达到了 5 396.4 亿美元,位居世界前列,比上年增长 14.7%,占我国对外贸易总额的 11.5%。

第一节 国际服务贸易的概念和分类

一、国际服务贸易的概念

服务贸易指的是,通过为他人提供服务以满足其某种需要,并获得一定报酬的活动。根据活动范围的不同,可以将服务贸易分为国内服务贸易和国际服务贸易两种。其中,国际服务贸易指的是一种跨越国境的服务行为,是服务在国际的输出和输入,是国际服务的提供和接受。

国际服务贸易主要包括四个主要因素,即自然人流动(Movement of Personnel)、商业存在(Commercial Presence)、境外消费(Consumption Abroad)和过境支付(Cross-Border Supply)。

(一)自然人流动

自然人流动指的是,某一成员国内的自然人在其他成员国提供的服务。自然人流动不会涉及与投资行为，但是会涉及提供者作为自然人的跨国流动。例如，如果我们国家的某一学校或是企业邀请国外某高级计算机工程师进行业务咨询或是讲学，那么这种活动就可以被看作是自然人流动。但是如果该工程师在我国境内开设了一家分支机构，那么该种活动就应该被看作商业存在。

（二）商业存在

商业存在指的是，某一成员国的法人在另一成员国的境内通过建立商业存在的形式提供服务，也就是说服务提供者通过在外国建立商业机构，如物流公司、银行、保险公司、律师事务所等，为所在国的成员提供服务。商业存在是一种仅生产者移动，而消费者不移动的国际服务贸易。

应当注意的是，商业存在是与服务业内的对外投资直接联系在一起的。如果从消费方的角度来看，就是与服务行业的引进外资联系在一起。其具有较大的发展潜力，并且所涉及的范围较广、规模大，因此对服务消费方或产生较强的冲击力。对于以美国为首的发达国家来说，他们珠江将该类服务贸易自由化，这样有利于扩大其在他国服务市场的占领份额；而对于发展中国家来说，由于其在服务行业的竞争力较弱，因此不太赞成全面开放服务市场。

（三）境外消费

境外消费指的是，一个成员国境内向任何其他成员国的消费者提供的服务。在该种服务形式中，消费者，也就是服务的被提供者，跨国国境去另一个国家的服务提供者那里去接受服务。例如，出国留学和境外旅游都属于境外消费方式。

（四）过境支付

过境支付指的是，由一个成员境内向另一个成员境内提供的服务。在该种服务形式下,服务的提供者和被提供者都在自己本国进行活动,也就是没有过境人员和物资的流动。过境支付是典型的跨越国境的可贸易性服务,其可以通过计算机网络、电视、卫星、邮电、电信等方式实现。例如,国际金融中的清算与支付和国际电话通信服务、视听等都属于该类服务。

二、国际服务贸易的分类

服务业涉及人类生活的方方面面,所包含的内容多种多样,种类众多。随着世界经济的不断发展,科学技术的不断进步,可以在国际服务领域所进行的服务贸易的种类也越来越多。

1989年,关贸总协定秘书在开列的"服务部门参考清单"中,将服务贸易分为了11个部门。"乌拉圭回合"谈判,在参考各国的实际情况及建议之后,在最后通过的《服务贸易总协定》中采取了以部门为中心的分类方法,将服务贸易分为12大类,共150个项目。这12大类服务贸易活动,如表5-1所示。

表5-1 服务贸易的12种分类

	类别	具体项目
1	商业性服务	是指在商业活动中涉及的服务交换活动,包括专业性服务、计算机及相关服务、研究与开发服务、不动产服务、设备租赁服务和其他服务
2	通信服务	是指所有有关信息产品、操作、储存设备等服务,包括邮电服务、快递服务、电信服务、视听服务等
3	建筑服务	包括工程建筑从设计、选址到施工的整个服务工程
4	销售服务	是指产品销售过程中的服务交换
5	教育服务	是指各国在教育领域的服务交往
6	环境服务	是指污水处理、废物处理、卫生及相关服务等

续表

	类别	具体项目
7	金融服务	主要指银行和保险业及相关的金融服务活动
8	健康及社会服务	主要指医疗服务、其他与人类健康相关的服务、社会服务等
9	旅游及相关服务	是指旅馆、饭店提供的住宿、餐饮及相关的服务,旅行社及导游服务
10	文化、娱乐及体育服务	时指不包括广播、电影、电视在内的一切文化、娱乐、新闻、图书馆及体育服务
11	交通运输服务	主要包括各种货物运输服务、航天发射以及运输服务、客运服务、船舶服务及附属于交通运输的服务
12	其他服务	

第二节 国际服务贸易的发展

一、国际服务贸易发展的阶段

随着资本主义生产方式的产生及发展,国际服务贸易也随之出现,并随着资本主义商品经济的发展而不断壮大。国际服务贸易的发展主要经过了以下四个阶段。

(一)萌芽阶段

在15世纪末16世纪上半期,由于社会生产力有了较大的提高,因此资本主义生产方式也有了较快的发展。而随着地理大发现,同时又促进了航海事业的逐步发达。美洲大陆被发现之后,欧洲殖民主义国家间大量的黑奴贩卖到美洲,因此出现了大规模的"奴隶贸易",这是带有强烈殖民主义色彩的国际劳务输出、输入活动。15世纪70年代以后,为了实现生产资本的原始积累,英国实行了两次"圈地运动",造成大批的农民失去土地,走向破产,因此不得走向劳动力市场出卖自身的劳动,成为雇佣劳动力。这就是国际服务贸易的萌芽阶段。

(二)产生阶段

18世纪60年代到19世纪80年代,在资本主义世界的国家爆发了第一次工业革命,确立了以机器大工业为基础的生产制度。工厂开始普遍使用蒸汽机,这使得资本主义的生产方式得到迅速的发展,并进一步加深了国际分工。社会分工的不断细化和专业化使得很多服务业开始从工农业中分离出来,并逐渐成为独立的行业,开始生产出大量的服务产品。例如,帆船被轮船取代,马车被蒸汽机所取代,这就促进了运输业的快速发展。这是国际服务贸易的产生阶段。

(三)发展阶段

从19世纪90年代到"二战"以前,资本主义世界的国家又爆发了第二次工业革命,这标志着人类开始进入电子时代,电灯、电车、发动机、电动机、无线电等新技术的相继问世,蒸汽涡轮、内燃发动机等获得了普遍应用,这对生产力的发展起到了巨大的推动作用,促进了商品生产和销售的快速发展。在经历了两次工业革命之后,资本主义国家已经积累了大量的原始资本,因此他们开始迫切要求改变投资环境,从而扩大对外的资本输出,这就对国际金融业的发展、交通运输业和邮电通信业的发展产生了重大的推动作用。这是国际服务贸易进一步发展的时期。

(四)迅速发展阶段

自第二次世界大战之后,在资本主义世界的国家又开始爆发了第三次工业革命,国际分工得到进一步的细化和专业化,实现了资本和生产的国际化,各国的产业结构也产生了新的变革。在该时期,国际服务贸易得到了进一步的发展,并且在整个世界经济贸易中所占有的比例也越来越大。20世纪90年代以来,世界服务贸易的平均增长率多数年份都超过了国际货物贸易,服务贸易额约占全球贸易额的1/5~1/4。这就是国际服务贸易迅速发展的阶段。

二、国际服务贸易迅速发展的原因

(一)世界商品贸易的增长和贸易自由化的迅速发展

1997年,全球货物贸易的总额已经达到了5.38万亿美元,2003年为7.3万亿美元,而到了2013年,仅中国的货物贸易额就突破了4万亿美元。国际贸易间推行的自由化发展不仅推动了国家间商品贸易的快速发展,并且还推动了各国间银行、保险、运输、咨询等服务的发展。例如,1970年,整个世界商船吨位为2.17亿吨,1995年为7.35亿吨,而在1997年,海上运输的总量就已经达到了50多亿吨。在我国,随着货物贸易的不断发展,也促进了服务贸易的发展。到了2012年,我国服务贸易的进出口总额已经达到了4 710亿美元,仅次于美国和德国,成为全球服务贸易的第三大国。

(二)国际分工的日益细致和专业化

为了应对国内和国家市场上激烈的竞争,很多的服务行业开始脱离原有的制造业,并逐渐成为一种独立的产业模式。例如,知识密集型服务在将技术进步转化为生产能力和国际竞争力的过程中发挥出了重要的作用。在工业生产的过程中,生产的各个阶段开始对服务有了更为专业的要求。主要表现为三个方面。

(1)在生产的"上游"阶段,所需要投入的专门服务包括风险资本、可行性研究、产品概念与设计和市场研究等。

(2)在生产的"中游"阶段,有的服务本来就与商品生产是一体的,如设备租赁、质量控制、后勤供应、保存和维修等;而有的服务则是和商品生产是并行的,如公司运行需要的人事管理、会计、保险、金融、电信、法律、安全、伙食供应等。

(3)在生产"下游"阶段,需要广告、运输、销售、人员的培训等服务。这样,一个生产企业在世界市场上保持竞争地位的关键是对"下游""上游"和"中游"三阶段服务的反馈。

(三)跨国公司的迅速发展

随着世界经济的高速发展,跨国公司也如雨后春笋的出现并得到快速发展,其对服务国际化的迅速发展起到了重要的推动作用。随着信息技术的不断发展,大大方便了投资者了解国外市场的行情,促进规模经济的发展。对于世界上的跨国公司来说,其很多都是金融、信息和专业服务等方面的重要供应者,其会面向全世界提供专业化的服务。

(四)服务业在各国经济中的地位明显上升

国际服务贸易的迅速发展,反映出服务业交换的不断扩大,这同时也反映出服务业在国民生产总值中所占的比重也越来越大。自20世纪80年代以来,这一比重在世界所有国家中都有不同程度的提高。到了20世纪90年代,全世界服务业占国内生产总值的比重平均为60%,其中34个低收入国家平均为36.1%,48个中等收入国家为50%,22个高收入国家平均为70%。在2010年前,美国的服务业占到了国内生产总值的比重的75%左右,而在中国,到了2012年服务业所占国内生产总值的比重则达到了44.6%。随着世界各国国民经济服务化的不断加强,国家间相互提供服务的活动也越来越频繁。

(五)国际投资的迅速扩大和向服务业倾斜

国际投资的快速发展不仅带动了国家货物贸易的增长,并且还带动了国际服务贸易的迅猛增长,尤其是服务业的增长速度最为明显,其迅速扩张的本身就促进了海外服务贸易数量的成倍增长。

(六)国际服务合作的扩大

国际服务合作,指的是一些国家和地区拥有丰富的工程技术人员和劳动力,通过签订合同的方式,向那些缺乏工程技术人员和劳动力的国家和地区输送服务,并接受报酬的一种国际经济合作。

国际经济合作的方式主要有四种:第一,各种技术性服务出口或生产技术合作;第二,承包外国各类工程;第三,向国外提供咨询服务;第四,向国外出租配有操作人员的各种大型机械。这种经济交往方式无论是对于服务出口国还是对服务进口国来说都具有重要的作用,其既有利于服务输入国的经济发展,同时也有利于服务出口国的经济效益和科学技术水平的提高。当前,国际服务合作已经成为世界各国进行国际交往的一项重要方式。

(七)各国政府的支持

当前,随着世界服务贸易的不断发展,其对世界国家和地区的经济拉动作用表现得越来越明显,因此他们都开始将服务贸易的发展提到重要的战略高度,制定了一系列的政策措施,保护并进一步促进国际服务贸易的发展和扩大。

(八)旅游业的发展

在第二次世界大战之后,旅游业获得了蓬勃的发展,其发展速度已经超过了世界经济中的许多部门,其发展速度令人瞩目。1970年之后,国际旅游业已经成为仅次于石油和钢铁工业的第三大产业。出国旅游人数从1980年的2.85亿人次增加到了1985年的3.2亿人次。同期,旅游总收入也从925亿美元提高到1 048.5亿美元。1996年,出国旅游人数达到5.92亿人次,旅游业总收入达到 4 231 亿美元。而到了 2012 年,全球出国旅游人数更是突破了 10 亿人次大关,其对国服务贸易的发展起到了巨大的促进作用。

第三节 服务贸易总协定

一、《服务贸易总协定》条款

(一)适用范围

《服务贸易总协定》适用于各成员国影响服务贸易的各种措施和"服务部门参考清单"所列 14 种服务部门的服务贸易,并确定服务贸易的定义包括过境交付、境外消费、商业存在和自然人流动等四个方面的含义。

(二)义务和原则

1. 义务

《服务贸易总协定》中所规定的义务可以分为两类:一类是普遍性义务,指的是可以适用于各个部门的义务,不论成员国是否对这些部门进行放开,都必须要给予最惠国待遇;第二类是具体承诺的义务,指的是在经过双边或是多边谈判之后所达成的协议中所规定的应该承担的义务。一般说来,该种义务只是适用于由各成员国所承诺开放的服务部门,而不适用于那些还未同意经过开放的服务部门。

2. 原则

《服务贸易总协定》中所规定的一些原则与 GATT 的基本原则极为相似,但是由于服务贸易与货物贸易之间存在很大的差异,因此其规定的原则中也就具有一些特定的含义。

(1)透明度原则

《服务贸易总协定》规定,各成员国,如果不是遇到极为紧急的情况,都应该立即或是在协定生效之前,对其所采取的所有与服务贸易或对该协定的执行产生影响的措施进行公布,并且还应要求各缔约方建立一个或是多个咨询点,从而为回答其他成员国的咨询提供便利。

(2)国民待遇原则

《服务贸易总协定》规定,对外国服务者的待遇,不应低于本国同类或是相同服务者的待遇。但需要注意的是这种待遇并不是东道国主动提出的,而是经过多次谈判减让的结果,这主要是体现在减让承诺单中。在承诺单中,会对国民待遇原则规定出具体的使用条件和相应的限制条件。通常情况下,这种待遇只是适用于那些已经承诺开放的部门之中。

(3)最惠国待遇原则

在多边货物贸易和多边服务贸易体制制定之前,必须要确保有该项原则,这是被各个成员国都默许接受的。《服务贸易总协定》中关于最惠国待遇条款规定,"各缔约方应立即和无条件地给予他方服务和服务提供者以不低于其给予某一缔约方相似服务和服务提供者的待遇。"如果某缔约方的规定中存在着与该条款相悖的规定,并且不能取消时,那么就应该在协议生效之前申请最惠国待遇的例外。

(4)对发展中国家的特殊优惠原则

在《服务贸易总协定》中,对发展中国家做主了特殊的规定,制定了很多鼓励发展中国家积极参与的条款。例如,发达国家应制定措施鼓励发展中国家发展自身的服务业,为其服务的出口提供更多便利的条件。同时,发达国家还应在协定生效之后的两年内建立"联系点",为实行国际服务贸易的国家提供商业或是技术方面的支持。

协议还对最不发达国家制定了特殊优惠,允许他们在服务业具有一定的竞争力之后才做出具体开放本国市场的承诺。除此之外,发展中国家也可以对国外输入的服务设置一定的限制,其可以根据自身的政策目标和服务业发展水平,较少的开放国内市场,但是要在以后的发展过程中要逐步放开。

(三)市场准入

《服务贸易总协定》规定,"市场准入是一种经过谈判的具体承诺的义务,各成员国应为其他成员的服务和服务提供者能够进入市场提供可行的渠道,而这种渠道必须以不低于其在具体承诺细目表上已同意提供的条件和待遇。"该条款并不属于普遍义务,而是与各部门的开放所联系在一起的一种具体的承诺,其有利于使分歧较小的部门尽快达成协议。如果某一成员国在细目表中为其他国家提供了多种有关服务准入的渠道,那么其他的国家就可以根据自身的实际情况,选择对自身发展最为有利的那一种。

(四)逐步自由化

逐步自由化针对各成员国在逐步扩大服务贸易自由化中,所涉及的谈判时间、适用范围、具体承诺的细目表以及细目表等方面修改所进行的规定。协议规定,各成员国应定期进行谈判,以此实现服务贸易自由化的进一步提高,减少和消除不利于服务贸易自由化发展的措施,实现有效的市场准入。应当注意的是,在谈判的过程中,应该充分尊重各成员国的政府目标及其国内实际发展水平。对于发展中国家,应该适当放宽政策,允许其自主选择服务交易类型和开放部门。

二、初步承诺减让表

各参加方只有提交初步承诺减让表之后,才能正式成为《服务贸易总协定》的一员。由此可见,初步承诺减让表是《服务贸易总协定》不可分割的部分,具有法律约束,是各国在谈判的基础上所提交的关于开放市场的承诺。初步承诺减让表中的内容有:参加方在双边谈判基础上承担的关于国民待遇和市场准入的义务；列明有关服务部门和这些部门中的活动，注明对这些部门所实施的待遇和市场准入的限制。

《服务贸易总协定》的制定具有重要的意义，其标志着多边贸易体制正逐步走向完善，是推动世界贸易自由化发展问题上的一个重大突破。该协议的制定为国际服务贸易的发展创造了更好的环境，而且还有利于促使各成员国从服务市场的保护与对立逐渐转向更为科学的自由化与多边谈判，大大加强了各国之间的交往与信息共享，尤其是在技术转让、知识产权、通讯、软件、数据处理、咨询和广告等服务行业的贸易自由化作出了突出的贡献。

三、《服务贸易总协定》中的保障措施

（一）第10条：紧急保障措施

《服务贸易总协定》第10条"紧急保障措施"与《1994年关贸总协定》第19条原则是一致的，在成员国遇到没有预见到的意外或是由于某一承诺而导致出口量过大，从而损害到本国服务提供者的利益的情况下，该成员国可以终止此承诺，从而降低自身的损失。成员国如果想要采取该项保障措施，那么就应该在实施之前或是之后立即向其他的成员国通报，与其进行协商，并提供与该项措施相关的数据。世贸组织服务贸易理事会会对《服务贸易总协定》中相关的保证措施进行严格的监督。

该项保障措施的制定，表明世贸组织对服务市场进行开放之后，如果成员国认为该协定对于自身的损失过大，或是自身的状况无法承受服务市场过度开放的冲击，那么其就可以向服务贸易理事会提出进行保护的申请，可以修改承诺，也可以部分或是全部暂时中止履行开放市场的义务。

需要注意的是，《服务贸易总协定》的"紧急保障措施"与《1994年关贸总协定》的第19条相比，还存在一定缺陷，在具体实

施的过程中由于各成员国的理解方式不一样,因此在以后还需进一步的完善。

(二)第 12 条:国际收支平衡的限制措施

该项规定主要内容为,如果一个成员国的国际收支和金融地位在逐渐恶化,那么其就可以将原来已经承诺过的开放的服务市场进行一定的限制,或是可以对于这种交易有关的支付和货币转移进行限制。该项规定对发展中国家来说尤其重要,由于发展中国家的金融地位较为脆弱,因此应对他们要求保持外汇储备的要求采取灵活的措施。应当注意的是,采取该种措施的成员国应该注意适度,并且还应在实施改性措施之后立即对其他的成员国进行通知,不能对其他成员国持有歧视的态度。采取限制性措施的成员还应与其他成员进行协商,并且需要根据国际货币基金所提供的相关数据资料进行评价和判断。

(三)第 14 条:普遍例外和国家安全例外

该条款规定,成员国在特定的情况下,只要符合一定的条件,就可以采取一些与《服务贸易总协定》不一致的措施。特定的情况主要包括有:为了维护国内法律和制止欺诈行为;出于保护公共安全、公共卫生、环境、文化、资源等。应当符合的条件包括:不得在情况相似的国家之间采取武断和不公平的歧视;不得借机为国际服务贸易设置限制。成员国在决定采取该项措施之后,应立即通知其他的各成员国。

除此之外,本条还规定:"各成员有关国家安全的情报、军事、放射性物质和战争时期等所采取的行动,为执行联合国宪章而采取的行动等,可与《服务贸易总协定》的义务暂时背离。"

(四)特定情况下修改开放市场承诺义务

在通知服务贸易理事会后,并且一成员在其开放市场的承诺生效 3 年后,就可以随时对开放市场的承诺进行修改,甚至还可以予以撤销。但需要注意的是,该成员国应当对该项措施对其他成员国所造成的损失进行谈判,并且需要在最惠国待遇的基础上进行补偿性的调整。

第四节　国际服务贸易的格局

想要对当前国际服务贸易的整体状况有较为清楚的把握,首先就必须要对国际服务贸易的格局有一定的了解,对此,应该从国际服务贸易的商品构成和国际服务贸易的地区构成两个方面进行全面的研究。

一、国际服务贸易的商品构成

当前,国际服务贸易主要是由运输、旅游和其他商业服务所构成的。从表5-2至表5-4所提供的数据中,我们可以得知:(1)2008年全球运输、旅游和其他商业服务出口额分别为8 900亿美元、9 500亿美元和19 350亿美元,其各自在整个商业服务贸易中的比重分别为23.6%、25.2%和51.2%,其中其他商业服务在整个商业服务贸易中所占比重最大。(2)1990—1999年10年间,全球运输、旅游和其他商业服务出口的年增长率分别为4%、6%和8%。2000—2008年的近10年间全球运输、旅游和其他商业服务出口的年增长率分别为13%、9%和14%,其中其他商业服务出口增长最快。

表5-2　1990—2008年全球运输服务出口状况

1999年出口额/10亿美元	310
2008年出口额/10亿美元	890
年增长率(%)	
1990—1995年	6

续表

1995—2000 年	3
2000—2008 年	13
2006 年	11
2007 年	20
2008 年	16
1999 年全球运输服务出口在整个商业服务贸易中的比重(%)	23.0
2008 年全球运输服务出口在整个商业服务贸易中的比重(%)	23.6

资料来源:International trade statistics 2009

表 5-3 1990—2008 年全球旅游服务出口状况

1999 年出口额/10 亿美元	440
2008 年出口额/10 亿美元	950
年增长率(%)	
1990—1995 年	9
1995—2000 年	3
2000—2008 年	9
2006 年	10
2007 年	15
2008 年	10
1999 年全球旅游服务出口在整个商业服务贸易中的比重(%)	32.8
2008 年全球旅游服务出口在整个商业服务贸易中的比重(%)	25.2

资料来源:International trade statistics 2009

表 5-4 1990—2008 年全球其他商业服务出口状况

1999 年出口额/10 亿美元	600
2008 年出口额/10 亿美元	1 935
年增长率(%)	
1990—1995 年	10
1995—2000 年	7
2000—2008 年	14
2006 年	17
2007 年	22
2008 年	11
1999 年全球其他商业服务出口在整个商业服务贸易中的比重(%)	44.2
2008 年全球其他商业服务出口在整个商业服务贸易中的比重(%)	51.2

资料来源：International trade statistics 2009

二、国际服务贸易的地区构成

(1)2008 年各主要国家或地区运输、旅游和其他商业服务出口与进口在整个商业服务中的比重

由表 5-5 至表 5-7 中，我们可以得知的信息有：①美国是所有种类服务贸易中最大的出口国和进口国，除运输服务为逆差外，旅游和其他商业服务均为顺差，并且整个服务贸易为顺差，与其货物贸易的逆差形成反差。②在所有服务贸易中，进口和出口都排在前 15 位的大多是发达国家，尤其是在服务出口方面，发达国家占据绝对的优势。③发展中国家或地区只有在旅游服务中才能占据到前 15 位中，尤其是在旅游服务出口方面。例如，2008

年,中国旅游服务的出口和进口均排在第三位,金额分别为408亿美元和362亿美元。

表5-5 2008年运输服务的主要进出口国家和地区

指标 年份 国家和地区	金额/10亿美元 2008年	在全球出口（进口）中所占的份额（%） 2000年	2008年	年增长率（%） 2000—2008年	2006年	2007年	2008年
出口国和地区							
欧盟(27个国家)	402.7	42.6	45.2	13	11	21	15
欧盟外	195.4	—	21.9	—	8	19	19
美国	90.6	14.5	10.2	8	10	13	17
日本	46.8	7.4	5.3	8	5	12	11
韩国	43.5	3.9	4.9	16	8	30	30
中国	38.4	1.1	4.3	34	36	49	23
新加坡	28.8	3.4	3.2	12	18	16	2
中国香港	28.5	17	3.2	11	10	14	11
挪威	21.6	2.8	2.4	11	−1	19	13
俄罗斯	15.0	1.0	1.7	20	11	17	27
加拿大	11.9	22	1.3	6	8	6	7
印度	11.1	0.6	1.2	24	32	18	23
澳大利亚	8.9	1.2	1.0	9	3	14	23
埃及	8.2	0.8	0.9	15	16	27	17
土耳其	7.8	0.9	0.9	13	−2	32	26
乌克兰	7.6	0.8	0.9	13	19	14	25
上述15个国家和地区	770.0	86.7	86.5	—	—	—	—

续表

指标　　　　　　　年份　　国家和地区	金额/10亿美元 2008年	在全球出口（进口）中所占的份额(%) 2000年	2008年	年增长率(%) 2000—2008年	2006年	2007年	2008年
出口国和地区							
欧盟(27个国家)	363.6	35.6	34.8	12	11	18	12
欧盟外	162.1	—	15.5	—	12	15	16
美国	104.7	15.7	10.0	6	5	3	10
日本	54.0	8.0	5.2	6	6	14	10
中国	50.3	2.5	4.8	22	21	26	16
印度	41.4	2.1	4.0	22	20	24	34
韩国	37.2	2.6	3.6	16	15	26	28
新加坡	29.8	3.0	2.9	11	17	23	2
阿拉伯联合酋长国	25.5	1.1	2.4	24	23	42	33
泰国	23.0	1.6	2.2	17	13	11	26
加拿大	20.3	2.2	1.9	10	13	14	9
澳大利亚	15.1	1.5	1.5	12	5	15	16
中国香港	14.9	1.5	1.4	12	11	20	7
挪威	14.5	1.2	1.4	14	2	33	10
印度尼西亚	13.8	1.0	1.3	17	10	16	45
俄罗斯	13.0	0.6	1.2	24	31	39	39
上述15个国家和地区	820.0	80.2	78.7	—	—	—	—

资料来源：International trade statistics 2009

表 5-6　2008 年旅游服务的主要进出口国家和地区

指标　　　　　年份　　　　　　　国家和地区	金额/10亿美元 2008年	在全球出口（进口）中所占的份额(%) 2000年	在全球出口（进口）中所占的份额(%) 2008年	年增长率(%) 2000—2008年	年增长率(%) 2006年	年增长率(%) 2007年	年增长率(%) 2008年
出口国和地区							
欧盟（27个国家）	393.2	41.8	41.3	9	9	14	7
欧盟外	108.2	—	11.4	—	12	14	4
美国	135.2	20.7	14.2	4	5	12	13
中国	40.8	3.4	4.3	12	16	10	10
澳大利亚	25.2	2.0	2.6	13	6	25	12
土耳其	21.9	1.6	2.3	14	—7	10	19
泰国	17.6	1.6	1.9	11	40	24	6
中国澳门	17.4	0.6	1.8	25	23	38	28
加拿大	15.3	2.3	1.6	4	7	5	—1
中国香港	15.2	1.2	1.6	13	13	18	10
瑞士	14.4	1.4	1.5	10	8	13	18
印度尼西亚	14.0	1.1	1.5	14	18	24	8
墨西哥	13.3	1.8	1.4	6	3	6	3
俄罗斯	11.9	0.7	1.3	17	30	26	24
印度	11.8	0.7	1.2	17	15	24	10
克罗地亚	11.3	0.6	1.2	19	8	16	22
上述15个国家和地区	760.0	81.5	79.7	—	—	—	—

续表

指标 年份 国家和地区	金额/10亿美元 2008年	在全球出口（进口）中所占的份额(%) 2000年	在全球出口（进口）中所占的份额(%) 2008年	年增长率(%) 2000—2008年	年增长率(%) 2006年	年增长率(%) 2007年	年增长率(%) 2008年
出口国和地区							
欧盟（27个国家）	390.9	44.6	45.9	9	5	15	10
欧盟外	140.8		16.5		5	17	9
美国	85.4	15.6	10.0	3	5	5	4
中国	36.2	3.0	4.2	14	12	22	21
日本	27.9	5.4	3.3	2	−2	−1	5
加拿大	27.3	2.9	3.2	10	14	20	10
俄罗斯	24.9	2.1	2.9	14	5	22	12
韩国	17.1	1.7	2.0	12	22	17	−22
挪威	15.9	1.1	1.9	17	15	21	13
澳大利亚	15.9	1.5	1.9	12	4	22	12
中国香港	15.9	2.9	1.9	3	6	7	6
新加坡	14.2	1.1	1.7	15	10	12	14
阿拉伯联合酋长国	13.3	0.7	1.6	20	43	28	18
巴西	11.0	0.9	1.3	14	22	42	34
瑞士	10.9	1.3	1.3	9	5	11	6
印度	9.6	0.6	1.1	17	11	20	17
上述15个国家和地区	715.0	85.2	84.0	—	—	—	—

资料来源：International trade statistics 2009

表 5-7　2007 年其他商业服务的主要进出口国家和地区

国家和地区\指标\年份	金额/10亿美元 2008年	在全球出口(进口)中所占的份额(%) 2000年	2008年	年增长率(%) 2000—2008年	2006年	2007年	2008年
出口国和地区							
欧盟(27个国家)	958.1	45.0	49.5	16	15	24	10
欧盟外	439.6		22.7		15	26	10
美国	295.6	19.6	15.3	11	18	18	7
日本	88.8	6.0	4.6	11	16	10	17
印度	79.7		4.1		40	24	18
中国	67.2	1.6	3.5	27	25	46	27
瑞士	54.3	2.8	2.8	15	13	23	15
中国香港	48.7	3.3	2.5	11	17	17	7
新加坡	43.5	1.7	2.2	18	22	27	1
加拿大	37.6	3.2	1.9	8	9	10	2
俄罗斯	23.7	0.4	1.2	32	35	34	34
韩国	21.5	1.4	1.1	11	20	31	−3
中国台北	21.3	1.8	1.1	7	19	9	12
挪威	19.3	0.9	1.0	16	34	27	13
巴西	17.6	0.9	0.9	15	30	33	30
以色列	14.8	1.3	0.8	7	17	6	10
上述15个国家和地区	1 790.0	91.4	92.6	—	—	—	—

续表

指标 年份 国家和地区	金额/10亿美元 2008年	在全球出口（进口）中所占的份额(%) 2000年	2008年	年增长率(%) 2000—2008年	2006年	2007年	2008年
出口国和地区							
欧盟(27个国家)	758.2	46.0	47.6	13	12	21	10
欧盟外	317.8	—	19.9	—	10	23	14
美国	177.8	12.4	11.2	11	22	14	8
日本	85.6	8.0	5.4	7	17	14	17
中国	71.5	2.0	4.5	25	26	35	27
加拿大	39.0	3.6	2.4	8	8	10	1
韩国	37.5	2.4	2.4	12	16	19	21
俄罗斯	36.7	0.8	2.3	28	23	39	40
新加坡	34.9	2.0	2.2	14	21	12	5
印度	32.6	—	2.0	—	32	20	3
巴西	23.0	1.2	1.4	15	18	21	28
沙特阿拉伯	19.5	—	1.2	—	—	—	—
泰国	18.1	1.0	1.1	15	38	24	22
瑞士	17.5	0.6	1.1	21	-1	24	10
中国香港	15.1	1.0	0.9	13	12	20	12
澳大利亚	14.5	1.0	0.9	12	9	32	28
上述15个国家和地区	1 380.0	84.5	86.7	—	—	—	—

资料来源：International trade statistics 2009

(2)2008年各主要地区运输业、旅游业和其他商业服务出口与进口在其整个商业服务中的比重

从表5-8中的数据，我们可以看出：①北美商业服务的进口和

出口方面,要高于旅游和运输服务。②中南美洲只有旅游服务为顺差,其他商业服务和运输服务均为逆差。③欧洲在服务进出口方面所占比重由大到小为其他商业服务、旅游和运输服务,并且各项服务贸易都是顺差。④非洲的旅游服务出口所占比重最大,进口服务最多的是运输,其次是其他商业服务。⑤亚洲服务出口的比重大小依次为其他商业服务、旅游和运输服务,服务进口的比重大小依次为其他商业服务、运输和旅游服务,其中只有运输服务为逆差。

表 5-8 2008 年各地区运输业、旅游业和其他商业服务的进出额

单位:10 亿美元

国家和地区 \ 行业	运输业 出口	运输业 进口	旅游业 出口	旅游业 进口	其他商业服务 出口	其他商业服务 进口
北美洲	105	129	164	121	336	230
中南美洲	25	45	42	28	41	45
欧洲	443	398	451	427	1 043	801
欧盟 27 个国家	403	364	393	391	958	758
独联体国家	31	26	21	33	32	56
非洲	26	53	40	21	22	47
中东	22	66	32	48	44	53
亚洲	240	326	202	175	417	363

资料来源:International trade statistics 2009)

(3)发达国家在服务贸易中处于绝对优势地位,发展中国家处于劣势地位

通过以上几个表格中所提供的数据,我们可以得出结论:发达国家在服务贸易中处于绝对优势地位,而发展中国家则处于不利的地位,尤其是欠发达国家,在 2007 年的商业服务贸易总额中只有 1.43 亿美元。从表 5-5 至表 5-7 中可以看出,排在前 15 名的大多数为发达国家,特别是在服务出口方面,发达国家具有明

显优势。只有在旅游服务出口方面才有稍多一些的发展中国家或地区出现在进出口的前15位中。例如,中国、泰国和墨西哥等。

除此之外,通过对上述表格中数据的分析,我们还可以得出以下结论:

第一,在国际服务贸易中,最大出口方和进口方通常都是发达国家。在2008年,欧盟、美国和日本在运输服务和其他商业服务方面,出口和进口均排在前三位。同年,欧盟、美国和中国在旅游服务出口和进口也都排在前三位。

需要注意的是,发达国家之间发展也缺少平衡。例如,在整个北美地区中,美国处于绝对优势地位,2008年美国运输服务出口为906亿美元,进口为1 047亿美元。而加拿大出口为119亿美元,进口为203亿美元。同年,美国的旅游服务出口为1 352亿美元,进口为854亿美元。而加拿大出口为153亿美元,进口为273亿美元。2008年美国其他商业服务出口为2 956亿美元,进口为1 778亿美元。而加拿大出口为376亿美元,进口为390亿美元。美国商业服务是顺差,顺差主要来自其他商业服务贸易和旅游服务。加拿大商业服务是为逆差,2008年的逆差来自运输、旅游和其他商业服务三个方面。

第二,在国际服务贸易的成员国中,大多数的发展中国家都处于逆差的状态,只是个别的国家在个别的服务领域上位顺差。例如,2008年,亚洲地区的服务出口为8 590亿美元,进口为8 640亿美元,逆差为50亿美元。中国的旅游服务业为顺差,出口为408亿美元,进口为362亿美元,而在运输和其他商业服务方面则为逆差。非洲地区,服务出口为880亿美元,进口为1 210亿美元,服务贸易逆差为330亿美元,并且大于其商品贸易的逆差。中南美洲地区的服务贸易也为逆差,其中出口为1 080亿美元,进口为1 180亿美元。

第六章 国际区域经济一体化发展

区域经济一体化是推动国际贸易发展的重要动力之源。近些年来,国际区域经济一体化在最初的关税同盟基础上有了长足的进步,出现了多种合作模式。但是不论是哪一种模式对各国经济来说,都是一次十分重要的进步。

第一节 国际区域经济一体化的相关理论与影响

一、国际区域经济一体化的相关理论

(一)关税同盟理论

美国经济学家卜范纳与 K.G.李普西先后研究并完善了关税同盟理论。他们认为,关税同盟应具备三个条件:其一,完全取消各参加国之间的关税;其二,对来自非成员国或地区的进口设置统一的进口关税;其三,通过协商方式在成员国之间分配关税收入。这使得关税同盟自始至终存在着两种矛盾的功能:对内实行贸易自由化;对外则实行差别待遇。这样,使得关税同盟具有以下静态和动态效果。

1. 关税同盟的静态效应

(1)贸易创造效果。贸易创造效果是由生产利得和消费利得构成。关税同盟建立以后,在比较优势基础上使生产更加专业化。这样,关税同盟某个成员国的一些国内生产品将被其他生产

第六章 国际区域经济一体化发展

成本更低的产品所取代。

假定有 A、B、C 三国，X 商品的价格在商定的固定汇率下，分别为 A 国 35 美元，B 国 26 美元，C 国 20 美元。缔结关税同盟之前，A 国对 X 商品进行保护的前提下自行生产。假设 A 国 X 商品的进口关税税率为 100%，则 A 国不会进口 X 商品，而是自行生产。如果 A、B 两国结成关税同盟，则 A、B 两国间取消关税，对 C 国实行统一关税，假设税率仍为 100%。那么 A 国从 B 国进口 X 商品只需 26 美元，而自己生产则需要 35 美元，很明显 A 国将停止自行生产，转而向 B 国进口，而 C 国的商品仍被排斥在外。缔结关税同盟后，产生由 B 国向 A 国的贸易，创造了新的国际分工，这就是贸易创造效果。A 国原本生产 X 商品的生产资源将会转而生产其他成本降低的产品，促进了资源的优化配置。同时扩大了 A、B 两国间的贸易，而且由于 X 商品的价格降低，从而可以提高消费者的实际收入水平，增加消费量，因而将提高福利水平（图 6-1）。

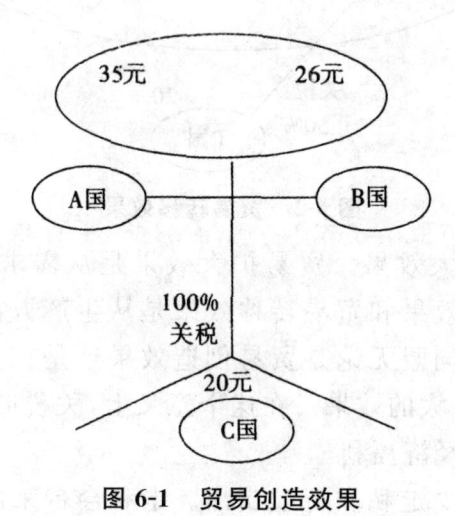

图 6-1 贸易创造效果

（2）贸易转移效果。在关税同盟成立以前，关税同盟国从世界上生产效率最高、成本最低的国家进口产品；关税同盟成立以后，关税同盟国该项产品转由向同盟内生产效率最高的国家进口。但如果同盟内生产效率最高的国家不是世界上生产效率最高的国家,则进口成本比过去增加,消费开支扩大,使同盟国社会福利水平下降,这就是贸易转移的效果。

仍采用上例,假设缔结关税同盟前 A 国 X 商品征收 50% 的关税,则从 C 国进口的 X 商品是最便宜的(30 美元),所以 A 国将从 C 国进口 X 商品,如果 A、B 缔结关税同盟后,对外统一关税仍为 50%,那么 A 国从 B 国进口商品 X 是最便宜的(26 美元),所以 A 国转而从 B 国进口 X 商品,这就发生了贸易转移(图 6-2)。

发生贸易转移效果后,A 国进口的 X 商品从 30 美元下降到 26 美元,会给消费者带来一定的福利增加。但这种转移是从生产效率高的 C 国转移到生产效率低的 B 国,因而降低了资源的配置效率,引起包括 A 国在内的全世界的福利水平下降。

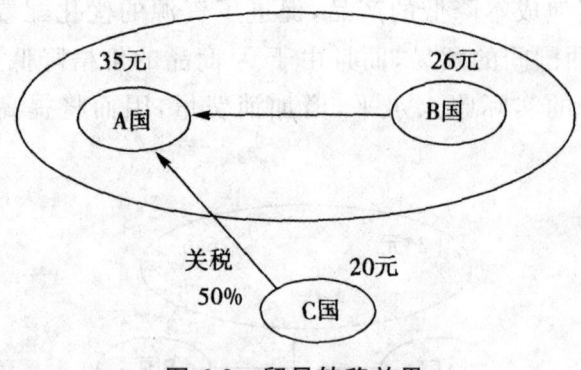

图 6-2 贸易转移效果

(3)贸易扩大效果。贸易扩大效果是从需求方面形成的概念,而贸易创造效果和贸易转移效果是从生产方面形成的概念。整体而言,关税同盟无论是贸易创造效果还是在贸易转移效果,都能产生贸易扩大的效果。在这个意义上,关税同盟可以促进贸易的扩大,增加经济福利。

(4)可以减少走私和行政支出。走私会带来巨额利润,在建立关税同盟后,同盟内商品实现了自由流动,这就在同盟内消除了走私;同时,同盟内部的商品价格会有所下降,走私的利润将会减少,这又会减少同盟外部的走私活动。与此同时,成员国的海关监管成本也会大幅下降,行政支出缩减。

(5)可以增强集体谈判力量。关税同盟建立后,同盟内整体的经济实力大大增强,统一对外,进行关税减让谈判时,有利于同盟成员国地位的提升和贸易条件的改善。

2. 关税同盟的动态效果

关税同盟的建立,必然会对成员国的经济结构产生较大的影响,这种影响对成员国的经济与社会发展都是十分重要的。

(1)规模经济效应。关税同盟建立以后,突破了单个成员国内市场的限制,原来分散的国内小市场结成了统一的大市场,使得市场容量迅速扩大。各成员国的生产者可以通过提高专业化分工程度,组织大规模生产,降低生产成本,使企业获得规模经济效益。尽管向世界其他国家的出口也可以达到规模经济的要求,但是世界市场存在激烈竞争和许多不确定性,而地区性经济集团的建立则可以使企业获得据已实现规模经济的稳定市场。但也有学者认为,如果成员国的企业规模已达到最优,则建立区域性经济集团后再扩大规模反而会使平均成本上升。

(2)竞争效应。关税同盟的建立促进成员国之间的相互了解,但也使成员国之间的竞争更加激烈。参加关税同盟后,由于各国的市场相互开放,各国企业面临着来自其他成员国同类企业的竞争,在这种竞争中,必然有一些企业会被淘汰,从而形成关税同盟内部的垄断企业,这有助于抵御外部企业的竞争,甚至有助于关税同盟的企业在第三国市场上与别国的企业开展竞争。

(3)技术创新效应。当一些国家组成关税同盟后,在同盟内部,各成员国的厂商失去了贸易壁垒的保护,都在统一了的同盟市场销售其产品,因此竞争的压力会迫使厂商们加大对研发的投入、加快技术革新的步伐。

(4)投资效应。关税同盟自建立会促使投资的增加。一方面,随着市场容量的扩大将促使同盟内企业为了生存和发展而不断地增加投资;另一方面,同盟外的企业为了绕开关税同盟贸易壁垒的限制,纷纷到同盟内部设立"关税工厂"(TariffFactory),这样,就客观上增加了来自关税同盟以外的投资。

(二)规模经济与区域合作理论

1. 小岛清协议性国际分工理论

日本学者小岛清在《对外贸易论》中提出了协议性国际分工的思想。该理论的基本假定是:首先,各方的生产要素、需求市场极其相似;其次,区域内存在规模经济。基本观点认为:其一,完全专业化的分工和交换能使各方都受益;其二,由于利益的分配是不均衡的,需要国际协议来维系分工的格局;其三,比较优势接近的国家与地区之间容易建立合作集团。

如图 6-3 所示,假定两个国家(A、B)、两种产品(X、Y),a、b 为封闭经济下两国各自的一般均衡点。由于理论假定中两国生产要素、需求市场极其相似,且存在规模经济,两国的生产可能性曲线凸向原点,在 a、b 点上两国两种产品封闭经济的相对价格相等。

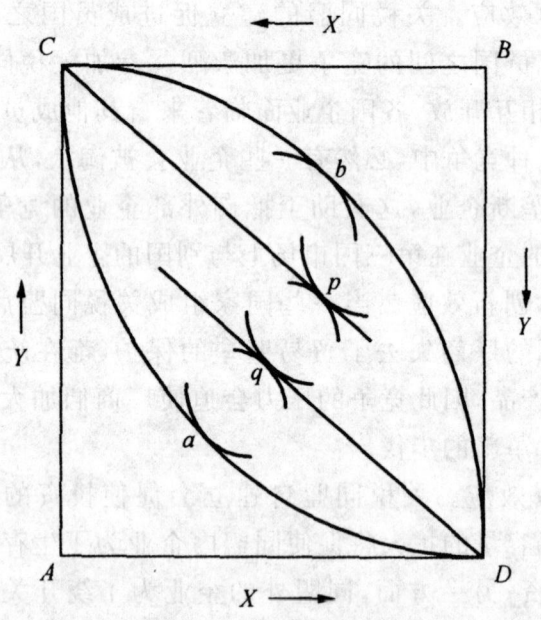

图 6-3 协议性国际分工理论图示

如果两国之间实现自由贸易,可能有两种分工情形:C 点的专业化分工模式是 A 生产 Y、B 生产 X,对应的消费点是 p;D 点的专业化分工模式是 A 生产 X、B 生产 Y，对应的消费点是 q。图示中 Y 产品的规模效应强于 X 产品，分工到 Y 商品生产的国家获得的福利增进幅度比较大，两国都会选择对自身有利的分工模式(A 国倾向于 C 点分工，B 国倾向于 D 点分工)，因此需要国际协议来维系稳定的分工格局。

2. 克鲁格曼中心—外围模型

克鲁格曼在《地理与贸易》一书中建立了中心—外围的合作模型。该理论假定存在规模经济理论，而地理集中是规模经济、运输成本和需求市场之间的相互作用和综合考量所作出的决策。将一个地区分为东部和西部两大块：

$$SN=(1-\text{II})/2+\text{II}\,SM$$

其中 SN 是西部人口占总人口的比例，II 是从事制造业人口在总人口中的比例，$1-\text{II}$ 是从事农业人口在总人口中的比例。假定有一半农民居住在西部，$(1-\text{II})/2$ 西部从事农业人口在总人口中的比例。SM 是西部制造业劳动力在制造业总人口中所占份额，II SM 是西部从事制造业人口在总人口中的比例。

令 X 为典型制造商的销售量；F 为开办一个工厂的固定成本；t 为一单位制造品的运输成本。当 SNxt＜F 时，生产集中在东部；当 $(1-SN)xt＜F$ 时，生产集中在西部；当两个条件不满足时，则每个地区各自开办工厂。

克鲁格曼中心—外围模型指出：制造带往往集中在人口密集、而且有更发达的交通运输网络的地区；另一个地区成为农业的外围。这种模式取决于较大的规模经济、较低的运输成本，以及制造业在支出中较大的份额这三者的某种结合。

（三）大市场理论

大市场理论的代表人物是西托夫斯基和德纽。他们认为，在实行经济一体化之前，各国之间推行狭隘的只顾本国利益的贸易保护政策，把市场分割得狭小且缺乏适度的弹性，使本国生产商无法实现规模经济和大批量生产的利益。大市场理论的核心是：

其一,通过国内市场向统一的大市场延伸,扩大市场范围,获取规模经济利益。其二,通过扩大市场,创造激烈的竞争环境,进而达到实现规模经济和技术利益的目的。

德纽对大市场理论作了如下表述:"大市场化导致机器的充分利用、大量生产、专业化、最新技术的应用、竞争的恢复,所有这些因素都会使生产成本和销售价格下降;再加上取消关税商品的数量增加以后,又可能使这种消费和投资进一步增加","这样一来,经济就会开始其滚雪球式的扩张。消费的扩大引起投资的增加,增加的投资又导致价格下降、工资提高、购买的全面增加……只有市场规模迅速扩大,才能促进和刺激经济扩张。"

西托夫斯基则以另一种方式论述欧洲共同市场产生和发展的原因,也就是西欧有一个"小市场与保守的企业家态度的恶性循环。"他认为,西欧与美国相比,陷入了高利润率、低资本周转率、高价格的矛盾。又由于人们交往甚少与狭隘的市场、竞争不激烈、市场停滞与阻止新竞争企业的建立等原因,使企业长期处于高利润状态。因为价格昂贵,而使消费品等普及率较低,不能进行大量生产。因此,西欧陷入"两高一低"的矛盾之中。打破这种恶性循环的办法就是实现共同市场或贸易自由化条件下的激烈竞争。如果竞争激化,价格下降,就会迫使企业家把过去小规模的生产停滞下来,转向大规模生产。同时,随着消费者实际收入的增加,过去只供高收入阶层消费的高档商品将被多数人消费。其结果是产生大市场—生产成本下降—大众消费增加(市场扩大)—竞争进一步激化,最终出现一种积极扩张的良性循环。

大市场理论,对于共同市场的建立提供了有利的理论基础,但是仍然不十分完善。其主要原因有两个:其一,大市场理论所强调的扩大市场后出现的累积的动态过程,不一定要通过共同市场的形态才能完成。只要企业家的经营方式从保守的消极状态转变为积极进取的态度,引进先进技术、扩大市场规模,同样可以实现;其二,即使不组成共同市场,只要有世界性的自由贸易,也可以取得大规模市场下的各种利益,而且就市场规模的大小而言,世界性的自由贸易,远远大于区域性的共同市场。

(四)互补性竞争理论

国内一些学者提出的互补性竞争论认为区域贸易集团与多边贸易体制关系的核心为互补性竞争。

互补性体现为区域贸易集团的高级形式可以实现多边贸易体制尚不能达到的合作方式,而多边贸易体制提供了协调各区域贸易集团关系以及解决贸易纠纷的有效机制,WTO贸易争端解决机构的设立弥补了大多数区域贸易集团争端解决不力的缺憾。

竞争性体现为:一方面,区域贸易集团对外贸易歧视妨碍了多边贸易体制全面贸易自由化的推行;另一方面,组成贸易集团的国家具有更强的势力,甚至可能依仗贸易集团对抗多边贸易体制。

(五)协议性国际分工理论

协议性国际分工理论是由日本教授小岛清提出的。他认为在经济一体化组织内部不能完全依靠传统的国际分工理论进行分工,因为传统的国际分工理论是以成本差异和递增为基础的,没有考虑成本相同和递减的情况。如果完全依靠这一原理,不可能完全获得规模经济的好处,反而有可能导致各国企业的集中和垄断,影响经济一体化组织内部分工的和谐发展和贸易的稳定。因此,小岛清认为有必要推行一种与传统的理论不同的国际分工原理,也就是协议性国际分工原理。

协议性国际分工理论的基本内容是,在成本递减的条件下,两国达成相互提供市场的协议,共同分享规模经济效益。这种协议性国际分工不能通过价格机制自动的实现,而必须通过当事国之间的某种协议来实现,也就是通过经济一体化的制度把协议性国际分工组织化。如拉美中部共同市场统一产业政策,由国家间的计划决定的分工,就是典型的协议性国际分工。

二、国际区域经济一体化对国际贸易的影响

(一)对成员国内部经济贸易的影响

1. 促进了集团内部贸易的自由化,促进了各成员国对外贸易的发展

无论是哪种形式的地区经济一体化组织,都是以减免关税和减少贸易限制为基础的。集团化程度高的组织内部甚至取消了关税和非关税壁垒,消除了集团内关税,逐步实现以集团内的进口替代本国产品生产的趋势。这必然在不同程度上减少了贸易障碍,使成员国之间的贸易比第三国贸易容易得多,从而大大促进了集团内成员国对外贸易的自由化。

由于成员国之间生产要素实现了更大程度的自由流动,为小范围内资源的合理利用和配置提供了可能,从而在一定意义上促进了成员国对外贸易的发展。

2. 增强了地区整体经济实力,提高了该地区在国际贸易中的地位

地区经济一体化组织的成立,对成员国经济的发展具有一定的促进作用,使地区经济实力大大增强。而且将单个的经济力量变为整体的力量出现在世界经济舞台上,其经济地位明显提高,也使其谈判力增强,从而在一定程度上维护了地区整体的贸易利益。

3. 有助于集团内部国际分工和国际技术合作

超越国界的大市场的建立,不仅解决了高度发展的生产力与狭窄的国域之间的矛盾,而且通过企业间互相兼并和采取优化组合以及更为合理的专业分工,使成员国之间在经济上的互补性越来越大。因此,地区经济一体化的发展必然促使国际分工向着纵深方向发展,这在国际技术合作方面有着突出的表现,如在欧共

体共同机构的推动和组织下,成员国在许多单纯依靠本国力量难以胜任的重大科研项目中(原子能利用、航空航天技术、大型电子计算机等高精尖技术领域)进行合作。

4.加强了经济集团内部资本的集中和垄断,促进区域内的相互投资

由于贸易自由化和统一市场的形成,加剧了成员国间对市场的竞争,导致优胜劣汰,一些中小企业遭淘汰或被兼并。同时,大企业在市场扩大和竞争的压力下,力求扩大生产规模,增强资本实力,趋向于结成或扩大为一国的或跨国的垄断组织,从而促进了区域内的相互投资。

5.促进了成员内各国产业结构的优化和外贸结构的优化

经济一体化给区域内企业提供了重新组织和提高竞争能力的机会和客观条件。通过兼并或企业间的合作,促进了企业效率的提高。同时,各成员国将根据专业分工的需要去调整其产业结构,实现了产业结构的高级化和优化。

为了获得长期利益,在产业结构的调整过程中,各成员国更加注重外贸结构的优化,充分利用扩大了的市场内的人力资源、自然资源、资本资源。各成员国扬长避短,争取从市场上获取最大限度的经济利益,促进经济长期稳定的发展。

此外,地区经济一体化对于推动技术革新、加快商品的更新换代、改善商品的结构等,也将产生积极的影响。但地区经济一体化也使成员国经贸政策的自主权受到相应约束。在地区经济一体化内,地区性国际协调必然渗透到成员国经贸政策的制定中,成员国经济体制和政策的制定,都要遵守一体化组织中的法则和规范,承担相应的义务,并不断的协调彼此之间的实施步伐和利益分配。随着一体化程度的加深,成员国的经济自主权将日益缩减。

(二)对世界经济贸易的影响

地区经济一体化对集团外的经贸活动也会产生一定的积极

影响。这表现为：地区经济一体化实现后，成员国经济实力增强，对外需求扩大，从而促进并带动了国际贸易的发展，也为区外国家的经济发展提供了更多的机遇，也就是会产生"收入溢出效应"，加速国际分工的不断深化。此外，由于地区经济一体化在技术开发领域创造的新成果也会向外扩散，区外国家也可受益，世界范围的科技开发水平会得以提高。

然而，地区经济集团内外有别的歧视性政策，对集团外的国家更多的是产生消极影响。

1. 地区经济一体化对区内国家的保护加强，容易产生地区保护主义和集团保护主义

扩大内部贸易是以牺牲与集团外国家的部分贸易额为代价的，使得区外国家本可以进入区内的商品和劳务受到严厉的保护主义的打击，降低集团外国家在一体化组织成员国中的地位，这反映了其固有的排他性和歧视性。随着一体化的深化和扩大，世界范围内的贸易保护主义将随之加强。这样就恶化了国际贸易环境，尤其是使区外发展中国家的贸易环境雪上加霜，从而加剧了国际贸易发展的不平衡。

2. 地区经济一体化改变了国际投资的地区流向，产生国际贸易中的贸易转移效果

地区经济一体化的内外差别待遇，使集团外的企业处于相对的竞争劣势，吸引区外的跨国公司以直接投资取代出口，在一体化集团内部生产，以绕过关税与非关税壁垒，保护其传统市场，显然，流入的外部直接投资是从世界其他地区潜在的投资中转移来的，所以，一体化区域内，外国直接投资的增加，意味着一体化区域外的投资相应下降。

3. 地区经济一体化不利于多边贸易体制的改进和完善

世界经济区域化、集团化趋势的加强，将使若干个实力相当或相似的地区性经济集团出现在世界经济的大舞台上。这样，现在国与国之间的协调，将转化为地区与地区之间的国际经济协

调。相比之下,由于经济集团具有复杂的利益格局,而任何一种国际协调都不可能完全符合各国的经济利益,因此,不可避免地会出现反对国际协调的情况,从而使世界经济被分割成若干个相对独立的区域,这将不利于世界经济一体化的发展。

第二节 区域经济一体化的发展与特点

区域经济一体化的产生可以追溯到 20 世纪 50 年代,在 1975 年以后才有了较快的发展。从全球区域经济一体化发展的情况来看,区域经济一体化正呈现更加自由、更大规模的特点。

一、区域经济一体化的发展状况

作为当今国际贸易的重要趋势之一,区域经济一体化成为各国贸易发展的重要推动力。在区域经济一体化的发展初期,政治因素的考虑超越了经济方面。自冷战结束,国际贸易跨越式的发展使各国逐渐认识到国与国之间经济合作的重要性。

从 WTO 的统计来看,区域经济一体化的发展可以分为四个阶段,下面分别叙述。

(一)1972 年以前:萌生与初步发展阶段

1949 年至 1972 年,区域经济一体化处于萌芽和初步发展的阶段。这个阶段区域经济一体化协议的主要目的是政治方面的,经济方面则居于次要地位。

这个阶段区域经济一体化的发展因为冷战的因素总体上可以划分为两大阵营,分别是以苏联为首的社会主义国家参与的区域经济组织和以美国为首的西方国家共同体阵营。经济互助委员会的目的是在社会主义国家之间加强和完善经济和科技合作与发展社会主义一体化,并且规定在 15~20 年内分阶段实现生产、科技、外贸和货币金融的一体化。在其成立初期,只有6个国家参与,分别是苏联、保加利亚、匈牙利、波兰、罗马尼亚和捷克斯洛伐克。后来,阿尔巴尼亚、民主德国、蒙古、古巴、越南先后加入,中国、朝鲜、老挝、安哥拉、埃塞俄比亚、阿富汗、也门民主人民共和国、莫桑比克等国也一度作为观察员参与活动。

1951年,西方国家共同体阵营签署了《欧洲煤钢共同体条约》,为1958年的欧洲经济共同体的诞生做了铺垫。这个条约主要考虑了欧洲的安全因素,规定了当时主要的生产要素——煤炭和钢铁的贸易,对其生产、流通和分配过程实行干预。至1958年,欧洲经济共同体在此基础上正式启动,发展经济已经成为共同体国家的共识。

(二)1973—1991年:平稳发展阶段

欧洲经济共同体随着欧洲经济的复兴,逐步扩大,英国、丹麦、爱尔兰、希腊、葡萄牙和西班牙先后加入,欧共体国家的外贸政策和农业政策也获得统一,创立了欧洲货币体系。

在欧共体和经济互助委员会的影响下,发展中国家的区域经济一体化也进一步发展。发展中国家先后建立了拉美自由贸易区、加勒比共同体、西非国家经济共同体、南部非洲发展协调会议、海湾合作委员会、拉美一体化协会、阿拉伯合作委员会、南方共同市场、智利—墨西哥自由贸易协定和非洲经济共同体等。

在这一历史时期,各组织的目标逐渐由政治与安全转化经济发展,发展经济已经逐渐成为各国的共识。

(三)1992—2000年:蓬勃发展阶段

在这个阶段,因为冷战的结束,区域经济一体化打破政治上意识形态的壁垒,走向了更加深入的发展。

这个时期标志性的事件就是《马斯特里赫特条约》获得通过,为欧盟的诞生奠定了政治基础。此后,欧盟加大了扩张进程,1995年奥地利、瑞典和芬兰加入了欧盟,使EC成员国扩大到15个。

第六章　国际区域经济一体化发展

在东南亚,东南亚国家联盟获得进一步发展并率先发起区域合作进程,在1992年东盟自由贸易区成立,东南亚区域以东盟为中心的一系列区域合作机制形成。

其他发展中国家的区域贸易安排协定也开始进一步发展。中美洲自由贸易区、泛阿拉伯自由贸易区分别与1993年和1998年相继建立。非洲最大的区域贸易安排协定南部非洲发展共同体于2000年成立。

这个时间,发展中国家与发达国家的区域贸易协定也开始发展,主要事件则是墨西哥同美国和加拿大签订了北美自由贸易协定。

(四)2001年至今:区域经济一体化深入发展

这个时期最重要的事件则是中国于2001年加入世界贸易组织,开始以世界贸易组织成员国的身份参与区域贸易安排协定。2001年5月,中国正式成为《曼谷协定》(后改为《亚太贸易协定》)成员。同年11月,中国与东盟签订《中国—东盟经济合作框架协议》。此后,中国也渐渐以大国的身份组织安排区域贸易一体化协议,著名的有上海经济合作组织。关于这一点,在本章的第五节还将继续深入讨论。

2004年欧盟加速了东扩进程,塞浦路斯、匈牙利、捷克、爱沙尼亚、拉脱维亚、立陶宛、马耳他、波兰、斯洛伐克和斯洛文尼亚10个中东欧国家加入欧盟,使欧盟成员国增加到25个。2007年1月罗马尼亚、保加利亚加入欧盟。2007年10月18日,欧盟27个成员国的首脑在葡萄牙首都里斯本就《里斯本条约》的文本内容达成共识。

二、区域经济一体化的发展特点分析

(一)区域经济一体化打破了传统的结合类型

自1992年以来,区域经济一体化打破了传统的趋势。原来北北型和"南南型"的发展特点已经被突破。随着欧盟的几次大的扩张和墨西哥加入美加自由贸易协定以来,"南北型"已经成为当前区域经济一体化的主流。很多区域经济一体化组织已经不再把经济发展水平视作参与到组织中来的重要问题。从当前国际经济发展的趋势分析,建立 RTA 将使参加各方受益已经是共识。

(二)区域经济贸易一体化的组成结构发生了变化

据 WTO 公布的资料,区域经济贸易一体化组织的组成结构发生较大的变化。在最近二十年成立的区域贸易组织之中,双边的自由贸易协定组织占比很大,关税同盟组织则相对较少。且各国也更加偏好自由贸易协定组织。这一方面是因为自由贸易协定对国家的政治经济闲置较少;另一方面则是因为自由贸易协定能够在更加广阔的领域上进行贸易。

(三)区域经济贸易一体化的具体领域发生了变化

一般认为区域经济贸易所涉及的领域是 WTO+(WTO Plus),也就是区域经济贸易所涉及的贸易投资自由化和便利化的内容超出参与国家在 WTO 中的承诺。区域经济贸易组织的建立主要是依据 WTO 的三个条款和允许发展中国家有例外的条款。目前,区域经济贸易涉及的内容越来越多,除涉及商品、投资、服务贸易外,还涉及竞争政策、知识产权、环境保护、劳动力等条款。

在区域经济贸易组织建立中,有一种特殊的情况,叫作"新加坡问题",一般的区域经济贸易协定都是 WTO+(WTO Plus),但新加坡签订的 RTA 中有时是 WTO−(WTO Minus),例如,限制"反倾销措施"的使用等。

第三节 目前主要的国际区域经济一体化组织

据 WTO 统计,区域经济一体化的组织目前世界上有接近两百个。这显然难以介绍全面,因此我们遴选了几个具有代表性的组织,如北美自由贸易区、欧盟、东盟和亚太经合组织。

一、北美自由贸易协定

北美自由贸易区(North American Free Trade Area,NAFTA)是较为成熟的贸易区,其前身是《美加自由贸易协定》。因此,北美自由贸易区协议主要是针对墨西哥对美、加的贸易壁垒。其主要内容是:削弱墨西哥与美国和加拿大之间的关税和非关税壁垒,三国互相开放服务贸易,为与贸易有关的投资提供便利,实行原产地原则。

(一)北美自由贸易协定的基本内容

1. 贸易自由化

贸易自由化是北美自由贸易区协议的主要内容。因此,北美自由贸易区协定的重点内容是消除三国之间的关税壁垒。NAFTA协议以1991年7月1日的税率为基准,针对不同的类型,分立即、5年、10年三个档次逐步消除关税壁垒,还有一些项目则要求在15年以内消除。鉴于摩西哥发展的实际情况,美、加两国在关税削减幅度上做出了让步,墨西哥则就非关税壁垒方面做出了让步。

2. 放宽对外投资的限制

投资是另外一个NAFTA关注的重点问题。NAFTA协议规定成员国不能对其境内投资规定经营条件,保障成员国投资者的投资自由,不得征用成员国企业的投资。依照协定,各成员国企业可以相互在他国设立金融机构。

3. 广泛领域的合作

NAFTA确立的目的是加强三方的合作,从而加快三国的共同发展。因此,NAFTA在确立消除三国的贸易壁垒和加强投资以后,三国将注重知识产权保护、环境和劳务等方面的合作。在知识产权保护方面,NAFTA参照GATT的原则,适当保护知识产权。三国还制定了NAALC和NAAEC,促进了环境和劳务之间的持续合作。

4.建立强有力的组织机构

NAFTA为了保障公约的有效运行,建立了强有力的组织监管机构,确保三国可以按照约定持续进行贸易。贸易机构主要北美自由贸易区委员会(主要负责评审和监管三国间的贸易关系并进行贸易问题研究)、秘书处(为自由贸易委员会提供帮助并对其他行政部门进行支持)、专家组(就某一特定领域提供咨询意见)。

(二)北美自由贸易区的特点

1."南""北"共存性特点

虽然参与NAFTA的国家数量特别少,但是都比较具有代表性。美国是世界第一大经济体,加拿大是发达工业国,墨西哥则是发展中国家。因此在NAFTA中,既有美、加之间的水平形态的经济合作与竞争,又存在美加和墨西哥之间的垂直形态竞争与合作。

2.美国一国主导性特点

毋庸置疑,美国在北美自由贸易区之中处于一家独大的地位,占据绝对的主导和支配地位。从数据统计来看,美国占优势的领域主要有人口、GDP、科技、生产要素等。墨西哥和加拿大有很大一部分进口都依赖于北美自由贸易区,而美国则不然。

3.经济互补特点

由于美国在经济上处于绝对主导地位,因此也是技术领先国。而加拿大在技术上则又比墨西哥先进。因此,三国在贸易上存在明显的互补特点。墨西哥拥有大量的廉价劳动力和丰富的资源,弥补了美国和加拿大的需求,美国有先进的技术和雄厚的资本向其他两国输出,加拿大则在资源和技术上占有一定的优势。

二、欧盟

欧盟是当前发展相对完善的区域经济共同体组织,对各个地区经济一体化发展都有借鉴意义。

(一)欧盟的发展目标

欧盟初期的目标是避免欧洲的冲突、流血事件和破坏事件的发生,维护欧洲的和平与发展。具体目标为:保证和巩固和平,实现对全体人民有益的经济一体化,向政治联盟迈进。

欧盟在成立条款中阐明了自己的目标:通过实施共同政策或者行动,建立共同市场和经济货币联盟;推动共同体经济活动的和谐、平衡和可持续发展;保持高就业水平和社会保障制度;男女平等;可持续和没有通货膨胀的经济增长;公平竞争和缩小经济发展差距;保护和提高环境质量;提高生活标准和质量;加强成员国之间经济和社会方面的凝聚力,加强团结。

从欧盟的条款所确定的目标来看,它主要是为了建立共同市场和经济货币联盟,其他方面都是与主要目标相关的具体描述。

尽管欧盟条约没有涉及欧盟的政治一体化,但欧盟的开拓者却认为,经济一体化必然导致政治的一体化。经济一体化不是欧洲联合的最终目标,而是通过欧洲的经济一体化推动欧洲的政治一体化,因此欧洲联盟的根本目标是政治一体化。

(二)欧盟的运作原则

从《马斯特里赫特条约》分析,欧盟的运作原则基本是按照 CU 性质和目标制定的,概括起来有以下方面。

1. 实施共同政策和活动

按照欧盟条约和欧盟制定的时间表,实施共同的经济政策和活动,包括关税、进出口产品质量、共同的商业政策、内部市场自由化等。

2. 市场开放与自由竞争的原则

实施欧盟对外经济政策、推动共同目标的实现、建立单一的货币等，都应该遵循市场开放与自由竞争的基本原则。

3. 稳定发展的原则

稳定是欧盟发展的基础，包括价格稳定、财政收支平衡、稳定的货币政策、平衡的国际收支等。

4. 辅助原则

辅助原则（principle of subsidiary）的主要内容是：当行动目标无法由成员国完成时，共同体才可以采取行动；出于规模和效果的原因，如果共同体采取行动能更好达到目标时，共同体才可以采取行动；不允许共同体采取与条约目标内容不一致的任何行动。

（三）欧盟的运作机制

欧盟为了保障自己目标的实现，强化了运作机制，实现参与联盟国家共同的对内对外政策。欧盟为保障其运作机制，成立了包括欧盟议会、欧盟理事会、执行委员会和欧洲法院在内的多个机构。

欧洲议会成员由成员国的代表组成，这些代表的产生则由各国人民普选产生。欧盟议会的行为是独立的，不受任何政党或政府的限制。议会议员不能同时担任其他机构的工作。欧洲议会与国家的议会在职能上具有明显不同，欧洲议会的主要职责是对欧盟运作以及各国人权状况的监督，还是欧盟的监督、评议和咨询机构。

欧盟理事会是由各成员国相关领域的部长组成。部长理事会针对欧洲议会和执委会提出的各项提案制定相关政策，保证欧盟增长目标的实现。

欧洲执行委员会是欧盟的执行机构，其职能是维护欧盟条约的贯彻执行。

欧洲法院的职能在于对欧盟条约的解释,维护成员国所执行的法律与共同体法律的一致性。如果参与国家未能有效执行共同体有关法律,法院有义务进行监督,并实施惩罚。

欧洲审计法院的主要职能是依据欧洲联盟的法律和规定,对欧盟的财务状况进行审查,并核查其收入与支出状况,将结果汇报给欧盟理事会。

(四)欧盟的运作内容

1. 贸易投资自由化和便利化领域的内容

在贸易投资自由化和便利化方面,欧盟发展的速度比较快,实现了商品、投资、服务、资金、劳动力的自由流动。

(1)关税政策。欧盟的关税政策体现在两个方面:一是取消成员国之间限制商品流动的关税及其他有相同效应的收费;二是欧盟各成员国建立关税同盟,并实行统一的对外关税。

(2)非关税政策。欧盟协定取消欧盟成员国间进出口数量限制及有相同效应的措施。

(3)投资政策。欧盟协定规定,取消所有成员国间及成员国和第三国间关于资本自由流动的限制措施。

(4)服务。取消对成员国国民在同盟内自由提供服务的限制。该服务通常以获得报酬为目的,并且不受涉及商品、资本和劳动力自由流动条款的影响。

(5)竞争政策。取消影响成员国间开展贸易,阻止、限制或扭曲共同市场竞争的有关协定、决议和惯例。

(6)争端解决。法院对成员国之间的任何争端都有司法权,前提是向法院提交双方协商确定的专门协议。

(7)知识产权保护。关于商品贸易的相关条款也适用于服务贸易和与贸易有关的知识产权。

(8)一般性例外。竞争规则中,要求废除和共同市场不相容的协定、决议和惯例的条款。

(9)标准与一致化。欧盟应重视公开国家公共协定,界定公共标准,减少影响合作的法律和财政障碍。

(10)海关程序。欧盟理事会应采取措施加强成员国间以及成员国和委员会之间的海关合作,且不涉及国家刑法和司法的适用问题。

(11)劳动力流动。保护同盟内劳动力自由流动,但是需要废除任何关于就业、报酬和其他工作就业条件的民族歧视。

(12)国际收支。取消所有成员国间及成员国和第三国间关于国际收支的限制措施。

2.统一管理与共同的经济政策

由于欧盟的性质是关税同盟,内部为经济共同体,实现了货币和市场的统一,所以统一管理是必然的选择,同时实行一些共同的经济政策。

(1)管理权让渡。欧盟内各成员国致力于建立共同的贸易政策、共同的农业政策、共同的运输政策等,为此必然产生各成员国管理权的让渡。

(2)统一货币。欧洲中央银行授权在同盟内发行纸币,该纸币具有唯一法定货币地位。

(3)政府财政要求。成员国应避免形成过度财政赤字。任何成员国对其他成员国产品征收的国内税不得超过对本国相似产品征收的税收,也不能借此对他国产品形成保护。

(4)环境保护。环境保护政策主要致力于保护和改善环境质量;保护人类健康;合理利用自然资源;采取措施处理区域和全球环境问题。

三、亚太经合组织

亚太经合组织是世界最活跃地区最大的区域经济组织。亚太经合组织以推动多边自由贸易和投资、促进区域经济增长为宗旨,奉行自主自愿、协商一致的合作原则。

亚太经合组织自成立以来积极推动亚太地区贸易投资自由

化,加强组织成员间经济、技术合作,对促进地区经济发展和共同繁荣作出了重要贡献。

(一)亚太经合组织合作模式的独特性

APEC 的合作模式是 APEC 区别于其他区域经济组织的特殊运作机制。APEC 方式在 APEC 发展中产生,适应了推动 APEC 发展的客观要求,并对 APEC 成员产生了巨大的聚合力。

1. 承认多样性,强调灵活性、渐进性和开放性

APEC 成员经济发展的多样性包括:经济发展方式的多样性,市场开放程度的多样性,产业结构不同决定的产品多样性,综合国力多样性,生活方式与文化及政治体制等方面的多样性,等等。这些多样性决定了 APEC 方式的灵活性、渐进性和开放性,就是达到 APEC 目标时间表的灵活性和贸易投资自由化进程的灵活性。

2. 相互尊重、平等互利、协商一致、自主自愿

APEC 成员经济发展的多样性和差距要求 APEC 的所有成员必须相互尊重,不应存在歧视行为。在相互尊重基础上的合作原则是平等互利。这种合作模式改变了"南北"合作中带有援助性的、一定程度上体现歧视性的合作方式。APEC 的合作旨在使合作各方受益,建立平等互利的新型伙伴关系。

协商一致是平等的具体化,是 APEC 方式的创新,摒弃了谈判体制而采取协商方式。WTO 和其他具有约束性区域经济组织的运作模式是在谈判基础上形成法律框架,在法律框架内实施谈判内容;APEC 方式是在协商一致基础上,各成员为达到共同目标而采取自主行动。协商一致原则使 APEC 区别于其他区域经济合作,既不存在超国家决策,也不存在国家和民族权力的让渡。

自主自愿原则使 APEC 成员容易在协商中达成一致。这种一致性充分尊重了各国的多样性,承诺后的贸易投资自由化进程可以适时调整,在实现 APEC 的目标和行动路线时对各成员国不要求一致性。

3.单边行动计划和集体行动计划相结合

单边行动计划和集体行动计划的目标都是为了实现大阪行动议程所确立的目标。协商一致的具体体现是集体行动计划,自主自愿的具体体现是单边行动计划,因此,单边行动计划和集体行动计划相互促进补充是 APEC 方式的具体实施机制。

(二)亚太经合组织投资自由化和便利化的内容框架

1.贸易投资自由化的内容

(1)贸易自由化

亚太经合组织为实现贸易自由化,注重消减贸易壁垒。亚太经合组织的措施主要包括关税减让、非关税措施减少或消除和服务领域的市场准入三个方面。其中减让关税是 APEC 实现贸易自由化的重要途径。APEC 协议制定了包括逐步削减关税、确保 APEC 关税制度的透明度、减少非正当措施对关税制度的破坏等方面的措施。所谓非关税措施是指通过关税以外的其他方式降低本国产品的生产成本或提高他国产品的成本的措施,一般来说主要包括数量性进出口限制或禁止、最低进出口限制、进出口许可证、自动出口限制、出口补贴等。服务领域的贸易措施是指降低服务贸易的市场准入限制,逐步改善服务贸易的待遇,涉及的领域主要有电信、交通、能源、旅游四个方面。

贸易自由化是亚太经合组织实现区域一体化的第一步。亚太经合组织在贸易自由化的基础上又提出了投资自由化。

(2)投资的自由化

投资自由化是亚太经合组织实现区域一体化的重要一环。根据协议,亚太经合组织实现投资领域自由化的步骤安排是,逐步提高他国国民在本国的待遇,并确保制度透明,确保亚太经合组织各个成员国的投资制度透明化和环境的自由化。

为此,亚太经合组织仿照北美自由贸易区的协议安排为各个成员国确立了行动准则,其内容是:利用世界贸易组织协议、亚太经合组织非歧视性投资原则、其他有关国际协议及任何在亚太经合组织内制定并一致同意的准则作为初步框架,逐步减少或消除实现上述目标的例外和限制;探讨亚太经合组织双边投资协议网络的扩大。亚太经合组织为加强区域国家同世界其他国家的投资联动,增强区域的抗风险能力,还制定了区域国家同其他商业团体间可持续的对话机制,短期内同经济合作发展组织及全球其他经济组织建立对话机制。

2. 贸易投资便利化的内容

与贸易投资自由化消除关税和制度壁垒不同,贸易投资便利化的目的则是为了清除国际交易过程中的机制性和技术型障碍,降低贸易投资的成本和困难。

APEC 在 1995 年《大阪行动议程》中指出:"由于自由化和便利化在实现亚太地区自由、开放的贸易目标具有不可分割的性质,两者应该被一起看待"。目前,越界关税总体水平已经大幅度下降,这极大地促进了国际贸易发展。但是,跨境交易中涉及的卫生、健康、安全以及各种技术标准、专业资格认证和签证手续等问题造成了许多贸易障碍。仅仅推动贸易自由化不足以带来贸易的扩大,需要将贸易自由化和便利化的措施结合起来,才能在亚太地区实现贸易自由化的长远目标。

《大阪行动议程》第一次将贸易投资便利化的内容具体化。2001 年 APEC 领导人非正式会议达成的《上海共识》要求拓展和更新《大阪行动议程》,而《APEC 贸易便利化原则》是对其基本原则的重要补充。便利化涉及的领域几乎包括了贸易投资过程的所有环节,但 APEC 的工作主要集中在 11 个领域,其中也包括一些自由化内容:

(1) 标准和一致化,即要求成员采用的标准和措施符合 APEC 要求以及 WTO 协议附属的技术贸易壁垒协议和卫生与动植物检疫措施协议的内容。

(2) 海关程序,即要求成员统一关税术语,共享信息,提高海关程序电脑化程变,协调海关估价制度。

(3)知识产权,即要求对亚太地区知识产权充分有效的立法、管理和执行。

(4)竞争政策,即改善亚太地区竞争环境,加强生产者、贸易者之间的竞争以保证消费者的利益。

(5)政府采购,即实现亚太地区政府采购市场的自由化。

(6)放松管制,即要求每一个成员消除由于国内规章条例所引起的贸易扭曲。

(7)原产地原则,即要求成员与国际统一的原产地规则相一致。

(8)争端调节,即鼓励成员尽早通过合作方式处理争端问题,预防对抗和对抗升级。

(9)商业人员流动,即鼓励加强贸易人员的流动。

(10)乌拉圭回合结果的执行,即要求 WTO 中的 APEC 成员充分忠实地执行其在乌拉圭回合中的承诺。

(11)信息收集与分析,即建立有关贸易数据库。

第四节 中国与区域贸易协定

区域经济一体化已成为国际贸易发展的必然趋势,中国也正在积极地参与区域经济一体化的发展进程。从目前区域经济一体化发展的情况来看,中国参与的区域经济一体化主要有两个层面,一个是中国与周边国家的区域经济一体化,主要指中国与东南亚、南亚、中亚、东北亚一些国家的区域经济一体化,另一个是中国参与世界其他国家的区域经济一体化,最具代表性的则是 APEC。

区域经济一体化对中国经济的发展意义重大。一方面,区域经济一体化有助于中国与周边国家的睦邻友好关系。另一方面,区域经济一体化能够推动中国经济转型,提升地区经济影响力。

一、中国与东盟

伴随着世界经济全球化和区域经济一体化的发展,中国—东盟自由贸易区(简称 CAFTA,下同)应运而生。欧盟经济合作的成功,北美自由贸易区的成功发展给东盟自由贸易区的发展提供了良好的借鉴。中国作为地区最大发展中国家,如果不参与其中将会丧失良好的发展机遇。

2000 年,在新加坡召开的第四次中国和东盟领导人会上,中国领导人主动提出了与东盟国家建立自由贸易区的设想。经过多次的调研和协商,双方最终于 2002 年 11 月在柬埔寨首都金边举行的中国—东盟(10+1)峰会上签署了《中华人民共和国与东南亚国家联盟全面经济合作框架协议》(简称《框架协议》,下同),正式确定在 2010 年建成中国—东盟自由贸易区。CAFTA 建成后,将是一个拥有 18 亿消费者、国内生产总值约 3 万亿美元、贸易总额达 1.2 亿美元的经济区域,这是一个世界上人口最多的自由贸易区,也是中国自加入 WTO 后,正式加入的第一个区域经济一体化组织。根据《框架协议》,中国和东盟的部分国家从 2004 年开始实施"早期收获"计划,并在 2006 年完成了第一批废除关税计划,此后中国和东盟国家不断削减关税,在 2010 年,中国和东盟六个老成员国的关税基本降为零,考虑到东盟新四国的经济发展水平较低,东盟新四国到 2015 年关税基本降为零。

通过 CAFTA 近几年来的建设,双方的合作得到不断加强,合作的领域不断加深,特别是大湄公河次区域经济合作也进展顺利。中国和东盟国家有着良好的地缘优势,并且有好几个国家与中国接壤,边界线较长,在历史上一直具有良好的合作,近代以来,由于某些原因,中国和东盟国家发生过一些冲突,在一定程度上影响了合作的进展。

此外,根据《框架协议》,中国和东盟在农业、信息产业、人力资源开发、相互投资和湄公河流域开发五个优先领域进行了合作。至目前为止,双方的合作都取得了重大的进展,并且合作领域在未来会向其他领域扩展。在政治上,中国和东盟各国国内保持相对稳定,各国之间睦邻友好,领导人互访频繁,给自由贸易区的发展提供了一个和平稳定的环境,有利于自由贸易区的进一步发展和完善。

大湄公河次区域合作(简称 GMS,下同)也是中国和东盟有关国家合作的一个重要内容。GMS 共有三大合作机制,分别是亚洲开发银行大湄公河次区域合作、东盟—湄公河流域开发合作、湄公河委员会。其中亚洲开发银行大湄公河次区域合作是湄公河开发三个国际合作机制中起步较早,并取得实质性进展的机制。GMS 共涉及七个合作领域,包括交通、能源、电讯、环境、旅游、人力资源开发以及贸易与投资等。

二、中国与南亚

中国和南亚是世界上两个人口最多的国家和地区,并且南亚与中国西南地区毗邻。冷战后,南亚战略态势的变化使中国同南亚有关国家改善和发展关系的一些制约因素逐步消失、矛盾逐步化解,中国和南亚发展双边关系的可能性大大增加,经贸合作也大大加强。

从 20 世纪末开始,中国与南亚国家关系进入迅速发展期。1999 年 8 月孟加拉国、中国、印度、缅甸四国学者齐聚中国昆明,召开了第一届"孟中印缅地区经济合作与发展国际研讨会",共同发表了《昆明倡议》,提出要加强区域经济合作。2004 年 12 月第五次论坛在昆明召开,各方签署了《昆明合作宣言》,并在昆明设立了孟中印缅经济合作协调办公室。

2005 年 4 月,温家宝总理对南亚四国进行了正式访问并取得了丰硕的成果,中巴、中印宣布确立战略合作伙伴关系,中孟、中斯宣布确立全面合作伙伴关系。2006 年 11 月胡锦涛主席分别对印度和巴基斯坦等国进行了访问。中国与印度共同发表了《联合宣言》，签署了一系列的合作协议，强调要加强双方在各个领域的合作。中国和巴基斯坦发表了《中华人民共和国与巴基斯坦伊斯兰共和国联合声明》，双方签署了一系列的合作协议，其中最重要的是中国和巴基斯坦签署了《中华人民共和国政府和巴基斯坦伊斯兰共和国政府自由贸易协定》，两国成立了自由贸易区。

2013年5月，李克强总理访问印度和巴基斯坦，并在印度发表署名文章《跨越喜马拉雅的握手》，同时与印度总理辛格、巴基斯坦总理霍索签署一系列经贸合作协议。

通过中国与南亚国家的不断努力，近年来中国与南亚合作进展顺利，双方的贸易额不断增加，在投资、承包工程、劳务输出合作等方面也取得了重要的进展，但是中国与南亚的合作主要是由政府推动的，民间的合作与联系相对较少，而且中国与南亚之间缺乏大型的合作项目，导致双方的合作难以快速推进。虽然中国与南亚之间有孟中印缅的区域合作，但是这个合作是由地方政府推动的，还没有提升到国家层面上来，缺乏国家的支持，导致进展缓慢，主要还停留在双方举行论坛的合作阶段，难以取得突破性进展。中国与南亚各成员国的合作存在着较大差距，印度是中国在南亚的第一大合作伙伴，双边贸易额占中国对南亚的大部分，其次是巴基斯坦。但是中国与其他的国家合作相对较少，这主要是由这些国家的产业结构造成的。

三、中国与中亚

中亚国家主要有哈萨克斯坦、乌兹别克斯坦、吉尔吉斯斯坦、土库曼斯坦和塔吉克斯坦五个国家，总面积约为400万平方公里。中亚国家地理位置十分重要，是中国路上"丝绸之路经济带"的重要一环。中亚还是中国进行西部大开发的有力支持。

中国与中亚的经济合作始于2001年。2001年6月15日中国与俄罗斯、哈萨克斯坦、乌兹别克斯坦、吉尔吉斯斯坦和塔吉克斯坦六国元首成立了一个地区性国际组织——上海合作组织。

上海合作组织成立之初,在倡导新安全观的同时,还把区域经济合作作为优先发展的方向之一。2003年9月,成员国总理在北京第二次会晤时批准了《上海合作组织成员国多边经贸合作纲要》,这为六国的经济合作奠定了重要的法律基础,标志着上海合作组织区域经济合作开始步入正轨。

2014年,中国推动"一带一路"经济发展战略,前期调研工作正在进行。据发改委秘书长李朴民介绍说,中国将加强与沿线国家八个重点领域的合作,一是促进基础设施互联互通;二是提升经贸合作水平;三是拓宽产业投资合作;四是深化能源资源合作;五是拓展金融合作领域;六是密切人文交流合作;七是加强生态环境合作;八是积极推进海上合作。由此来看,中国与中亚以后的经济合作中还有很广阔的前景可以开拓。

四、中国与东北亚

当前,东北亚是全球经济中最具活力和发展潜力的地区之一,区域GDP约占世界的1/5,占亚洲的70%以上。随着经济全球化进程的加快,东北亚地区的经济一体化合作正在发生新的变化。

中国与东北亚的合作历史悠久,近年来双方的合作不断增强,贸易量逐渐增加,但是中国与东北亚国家至今还没有形成较为完善的合作机制,合作主要是由各国地方政府和民间交流来推动,因此中国与东北亚的这种合作相对较为松散,但是这种合作形式在国家层面上的合作难以取得重大进展的情况下对推动中国与东北亚国家的合作进程起了重要的作用。

随着经济全球化和区域一体化的加快,各国政府意识到地方政府合作已经不能满足各国经济发展的需要,而必须从国家层面上来加强各国的经济合作。在这种背景下,各国都采取了积极的步骤,加强区域经济合作,积极推动图们江国际经济合作项目的多边经济合作。1995年,中俄草签了《关于建立图们江地区协调委员会的协议》;12月,中俄韩朝蒙五国副外长签署了《关于建立东北亚和图们江开发区协调委员会的协定》和《关于东北亚和图们江开发区环境标准详解备忘录》;2001年6月,在蒙古首都乌兰巴托举行了一次东北亚地区合作国际研讨会,讨论了水资源、能源、矿产资源开发合作以及蒙古在东北亚合作中的作用问题;2002年5月,在中国威海举行的东北亚经济论坛上,中外学者不仅提出了建立东北亚开发银行以解决建设资金的构想,还提出了加强东北亚国家在直接投资、司法、环境、能源、交通、教育、学术交流等方面的合作。通过这些合作,中国与东北亚国家逐渐建立起了多边合作机制,有力地促进了中国与东北亚的一体化合作。

2012年,中日韩启动自由贸易协定谈判,三方约定将在2013年进行三轮谈判。中国、韩国与日本之间的谈判因为历史原因一度搁置。但是并没有影响到中国与韩国之间的谈判进程,至2014年,中国与韩国的自由贸易谈判达成一致,这对于建立全球最大的亚太自贸区来说是一次成功的外交磋商。

关于亚太经合组织,上文已经介绍过,这里不再详述。

第七章 世界贸易组织的发展

世界贸易组织是一个独立于联合国之外的一个永久性国际组织,它的前身是 1947 年订立的关税及贸易总协定。第二次世界大战后,国际多边贸易体制从 1948 年至 1994 年以关税与贸易总协定为代表,进行了八轮多边贸易谈判,极大地促进了多边贸易自由化的发展;从 1995 年开始,世界贸易组织作为一个正式的国际性组织取代了关税与贸易总协定,世界多边贸易体制正在推动全球性的多边贸易自由化向新的方向发展。

第一节 关税与贸易总协定

关税与贸易总协定(General Agreement on Tariffs and Trade)简称关贸总协定(GATT),它是调整各缔约方对外贸易政策和国际贸易关系方面相互权利与义务的多边国际协定,又是对于该协定的协调、监督机构。

一、关税与贸易总协定建立背景

1930 年 6 月,美国国会通过了有史以来最严厉的贸易保护法案——《斯姆特—赫利关税法》(Smoot Hawley Tariff Act),修订了 1 125 种商品的进口税率,其中 890 种商品的税率被提高,平均进口税率由原来的 38% 提高到 60%。由此引发了一场关税报复战:加拿大将 16 类美国商品的关税税率提高了 30%;意大利对美国汽车征收 100% 的关税;英国对凡歧视其商品的国家一律征收

第七章　世界贸易组织的发展

100%的关税。面对关税不断升级的混乱局面,当时唯一的国际组织——国际联盟并没有发挥任何实质作用。1932年的世界贸易总额降至1929年的1/3,世界工业生产萎缩了约30%。

1932年,罗斯福为竞选美国总统,提出了世界贸易自由化,以期走出当前国家大萧条、重振美国经济。其当选后,从1934年起,开始在互惠基础上同主要贸易伙伴举行双边削减关税的谈判。1941年,美、英签署的《大西洋宪章》中,提出通过双边和多边谈判来削减关税以寻求国际经济合作。

1945年12月6日,美国政府提出《扩大世界贸易和增加就业的建议》,主张制定国际贸易宪章,来重建国际贸易秩序,并在1946年2月发起召开了国际贸易与就业会议。在美国的提议下,联合国经济和社会理事会成立了国际贸易组织筹备委员会,并在1946年10月于伦敦召开了第一次会议,讨论美国提出的《国际贸易组织宪章》草案。1947年4月至10月,筹备委员会第二次会议在瑞士日内瓦召开,通过了该宪章草案。但是由于建立国际贸易组织时机尚未成熟,各国较高的关税是当时亟待解决的问题,于是美国、英国、中国、法国、加拿大等23个国家进行了关税减让谈判,双边关税谈判共进行了123项,涉及5万种商品,形成了100多项关税减让协议。各国希望早日获得关税减让的好处,于是将这些协议和《哈瓦那宪章》草案中有关贸易的条款进行合并,形成了《关税与贸易总协定》。1947年10月30日筹备委员会签署了正式确定《关税与贸易总协定》和《临时适用议定书》的最后法案,作为一个过渡性、临时性的协议,一旦《国际贸易组织宪章》正式生效,就将其纳入"国际贸易组织协议"中。

1947年11月,在哈瓦那的联合国贸易和就业会议上,各国对《国际贸易组织宪章》草案提出大量修正案,最终审议并通过了《国际贸易组织宪章》,又称《哈瓦那宪章》,提交各国批准。但是在1950年,美国宣布不会提交国会批准《哈瓦那宪章》,主要是因为草案修正案限制了美国的立法主权,不符合美国的利益。同时由于发达国家与不发达国家之间在经济政策上的分歧比较大,因此56个《哈瓦那宪章》签字国中,只有个别国家批准了该宪章,建立国际贸易组织的计划夭折。

尽管国际贸易组织没有成立,各国仍然按照关贸总协定的框架推进关税减让和贸易发展,1948年1月1日这一临时协定正式生效后,其作为"战后"多边贸易谈判的主要机构,一直到1995年1月1日世界贸易组织正式成立,共运行了47年。

尽管关贸总协定具有相当多的临时性特征,却发挥了巨大的作用,其在"战后"成为各缔约方在贸易政策方面确立共同遵守的准则、推进贸易自由化的总括性多边条约,以及作为对缔约方具有约束力的文件发挥作用。另一方面,关贸总协定在长期运行中建立了完整的组织机构,成为事实上的国际贸易组织。总的说来,关贸总协定为促进世界贸易的发展,协调世界各国的经贸关系,促进世界和平,提高人民生活水平作出了巨大的努力和卓越的贡献。

二、关税与贸易总协定的特点

GATT作为世界贸易体制历史发展中的一个特定产物,具有三个典型特征。

第一,临时性。GATT从1948年正式生效到1995年正式退出世界贸易历史舞台,它所扮演的角色尽管囊括了多边贸易规则的制定推动者、8轮多边贸易谈判的组织与协调者、贸易争端的斡旋与调停者、WTO的孕育者等多种角色,但"临时""替代"的色彩始终伴随着GATT的产生与发展的全部过程。

第二,契约性。GATT的诞生标志着世界多边贸易体系开始形成,而这个体系运转的立足点就是参加进来的多国共同签署的一个有约束力的多边契约。被称之为"缔约方"的GATT的所有缔约国之间保持着一种类似合同当事人间的法律权利和义务的平衡关系,使世界多边贸易逐步走向自由化的预设目标。

第三,开放性。GATT的成长与发展不仅归功于其对缔约方加入的开放，还取决于它对谈判和讨论议题的开放。从 1947 年第 1 轮谈判的 23 个创始缔约国到 1994 年第 8 轮谈判的 123 个参与方，GATT 的缔约队伍发生了从量到质的变化，加入关贸总协定已成为全球各个国家和地区进入世界经济贸易大家庭的共同追求目标。在越来越多缔约方的参与努力下，GATT 主持谈判的议题也从最早的降低关税、消除贸易壁垒逐步扩展至包括货物贸易、服务贸易、与贸易有关的投资措施、与贸易有关的知识产权等多个领域。这种开放、包容与发展的直接结果之一，就是 1995 年 WTO 正式诞生。

三、关税与贸易总协定的宗旨

GATT 在其序言中明确规定了其宗旨："缔约国各国政府，认为在处理它们之间的贸易和经济事务的关系方面，应以提高生活水平、保证充分就业、保证实际收入和有效需求的巨大持续增长、扩大世界资源的充分利用以及发展商品生产与交换为目的。希望达成互惠互利协议，这一目标导致成员间大幅度地削减关税和其他贸易障碍，取消国际贸易中的歧视待遇以对上述目的作出贡献。"

但事实上，总协定成立时在很大程度上就由美国控制。随着西欧、日本经济的迅速发展，经济实力对比的变化，使总协定又逐步成为美国、西欧共同市场、日本之间较量经济实力和争夺市场的场所。因此，总协定素有"富人俱乐部"之称。但是，随着第三世界的壮大和发展中国家缔约国数目逐渐增加，这种状况正在不断改善。虽然在总协定中，美国、西欧和日本等仍然是谈判的主要对手，但发展中国家在总协定中的发言权逐步增加，它们的利益也受到一定程度的重视，并能争取享受有利于发展中国家的优惠待遇。

四、关税与贸易总协定的基本原则

纵观《总协定》的原文及其若干附件和一份暂时适用议定书,可以将关贸总协定的基本原则概括为以下八个方面。

(一)非歧视原则

非歧视原则是关贸总协定中最为重要的原则,目的在于消除歧视性的政府干预,以保证各缔约方能够受到公平的贸易待遇。这个原则是通过关贸总协定中的最惠国待遇条款和国民待遇条款体现的。

最惠国待遇是指缔约一方现在和将来给予任何第三方的优惠,也给予其他所有缔约方。在国际贸易中,最惠国待遇是指签订双边或多边贸易协议的一方在贸易、关税、航运、公民法律地位等方面,给予任何第三方的减让、特权、优惠或豁免时,缔约另一方或其他缔约方也可以得到相同的待遇。

国民待遇是指在贸易条约或协议中,缔约方之间相互保证给予对方的自然人、法人和商船在本国境内享有与本国自然人、法人和商船同等的待遇,即把外国的商品看作本国商品对待,把外国企业看作本国企业对待。其目的是为了公平竞争,防止歧视性保护,实现贸易自由化。

(二)关税保护和关税减让原则

关税保护原则是指以关税作为唯一保护手段的原则。1994年的关贸总协定规定允许对国内工业进行保护,但保护的手段主要是通过关税的方式进行而不能采取数量限制、行政手段等非关税手段来进行。关贸总协定规定,只能通过关税来保护本国工业;缔约方有义务实行关税减让。关税减让是总协定的主要宗旨,多边贸易谈判是实现关税减让的主要途径。关税减让原则是缔约方之间相互约束关税减让水平,即各缔约国彼此作出互惠与平等的让步,达成关税减让表协议的原则。关税减让表规定的税率的减让,任何缔约方都无权单方面予以改变,并且三年内不得随意提高。如要提高必须与当初进行对等谈判的国家协商,而且要用其他产品税率减让来补偿。

(三)一般取消数量限制原则

数量限制是非关税壁垒中最常用的方法,是政府惯用的手段,常被用来限制进出口数量。数量限制的主要形式是:配额、进口许可、自动出口约束和禁止。在某些例外情况下,允许数量限制。这些例外是:为了稳定农产品市场;为了改善国际收支;为促进发展中国家经济发展的需要。

(四)公平贸易原则

公平贸易原则是反对缔约方政府采取扭曲市场竞争的措施,反对不公平贸易,尤其是倾销和补贴方式的不公平贸易行为,提倡缔约方创造和维护公开、公平、平等的贸易。关贸总协定认为,各缔约方和出口贸易经营者不应采取不公平的贸易手段进行国际贸易竞争和扭曲国际贸易竞争。为创立和维持公平竞争的国际贸易环境,关贸总协定特别强调在国际贸易中禁止倾销和限制出口补贴。如果倾销或补贴的商品对某一进口成员的国内产业造成重大损害或存在损害威胁,该进口国可根据受损国国内产业的指控,采取反倾销或反补贴措施进行报复。

(五)豁免与实施保障措施的原则

关贸总协定有豁免承担关贸总协定某项义务和争取保障措施的规定。《总协定》第十九条规定:"如因意外情况的发生或因一缔约方承担本协定义务(包括关税减让在内)而产生的影响,使某一产品输入到这一缔约方领土的数量大为增加,对这一领土内相同产品或与它直接竞争产品的国内生产造成重大损害或产生重大威胁时,这一缔约方在防止或纠正这种损害所必需的程度和时间内,可以对上述产品全部或部分地暂停实施其所承担的义务,或者撤销或修改减让。"

(六)磋商调解原则

此原则是为了维护缔约方在关贸总协定中获得的正当权益,具体指通过争端解决机制解决贸易纠纷,不主张采取报复措施,以保持缔约国之间权利与义务的平衡。

(七)对发展中国家特殊优惠待遇原则

从20世纪60年代以来,发展中国家纷纷加入关贸总协定。在发展中缔约方的共同努力下,除保留《总协定》原第十八条外,1965年又在《总协定》中增加了第四部分,规定了对发展中国家的贸易与经济发展方面尽量给予关税和其他方面的特殊优惠待遇。"东京回合"做出了对发展中国家,特别是最不发达国家更为优惠、更为方便的法律待遇。这些规定主要有以下几点:第十八条关于政府对经济发展的援助;《总协定》第四部分关于贸易和发展的规定(包括非互惠原则、发达缔约方尽量承担义务的规定、建立贸易和发展委员会);授权条款(Enabling Clause)。

(八)透明原则

透明度原则是约束各国应对缔约方贸易政策调整和监督有关政策合法性的重要原则。由两部分组成:一是缔约方可以保护本国某些产业,但手段必须是透明的;二是缔约方的法律法规要求是透明的。但关贸总协定不要求公开那些会妨碍法令的贯彻执行,会违反公共利益,或会损害某一公、私企业的正当商业利益的机密资料。

五、关税与贸易总协定的主要活动

尽管关税与贸易总协定严格来说只是一个法律文本,对缔约国不构成强有力的约束,但在关贸总协定存在的 47 年中,一共进行过八轮多边贸易谈判,通过这些谈判,大幅度降低了关税,削减了非关税壁垒,极大地推动了贸易自由化的发展。其中前六轮谈判是以关税减让为主的谈判,第七轮谈判以降低非关税壁垒为主,第八轮谈判则以旨在一揽子解决贸易壁垒为主。这 8 次谈判成果丰硕,为世界经济做出了卓越贡献。

(一)第一轮谈判

1947 年 4 月至 10 月在瑞士日内瓦举行,23 个创始缔约方包括中国在内参加该轮谈判。共达成关税减让协议 123 项,协议按照最惠国待遇原则,自动适用于全体缔约方。本轮谈判平均降低关税 35%,影响世界贸易额近 100 亿美元。GATT 也随谈判的成功和临时适用议定书的签订而临时生效。这轮谈判虽然是在关贸总协定草签和生效之前进行的,但人们习惯上将其视为关贸总协定的第 1 轮多边贸易谈判。

(二)第二轮谈判

1949 年 4 月至 10 月在法国的安纳西举行,除 23 个缔约方之外,丹麦、芬兰、希腊、瑞典、意大利等 10 国也加入进来。谈判的目的是敦促成立不久的欧洲经济合作组织成员为彼此承担关税减让做出努力。从这一轮直到第五轮谈判,一般称为"补偿性"谈判和"入门费"谈判。前者指缔约方对原来的关税减让进行变更、撤销等的谈判;后者指对新缔约方加入关贸总协定的权利与义务,以及加入需要的条件(如承诺降低关税等)进行讨论的谈判。这次谈判达成关税减让协议 147 项,关税平均降幅 35%。

(三)第三轮谈判

1950 年 9 月至 1951 年 4 月在英国托奎举行,共 39 个国家和地区参加,这轮谈判的重要议题之一是讨论奥地利、西德、韩国、秘鲁、菲律宾和土耳其的加入问题;达成关税减让协议 150 项,使占进口值 11.7% 的应税商品平均降低关税 26%。

(四)第四轮谈判

1956 年 1 月至 5 月在瑞士日内瓦举行,28 个国家参加了谈判。由于前几轮谈判美国关税减让幅度大于其他缔约方,因此美国国会对其谈判代表授权有限,使得本次谈判平均降低关税仅为 15%,涉及贸易额仅 25 亿美元。

(五)第五轮谈判

1960 年 9 月至 1962 年 7 月在瑞士日内瓦举行。这轮谈判由当时的美国副国务卿道格拉斯·狄龙倡议,后被称为"狄龙回合"。这轮谈判达成 4 400 项商品的关税减让成果,使应税进口值达 20% 的商品平均降低关税 20%,关税减让涉及 49 亿美元的贸易额,但农产品和一些敏感性商品被排除在协议之外。

(六)第六轮谈判

1964 年 5 月至 1967 年 6 月在瑞士日内瓦举行,本次谈判由美国总统肯尼迪(Kennedy)发起而被称为"肯尼迪回合",共有占世界贸易额四分之三的 54 个国家和地区参加。本次谈判最后列入减税的项目达 60 000 种,平均关税下降 35%,涉及贸易额 400 亿美元。本次谈判首次涉及非关税壁垒,美国、英国、日本等 21 个国家签署了第一个国际反倾销协议。同时新增了针对发展中国家的"贸易与发展"条款,规定了对发展中国家的特殊优惠,明确发展中国家只承担与其经济水平相适应的义务。并吸收波兰参加,开创了"中央计划经济国家"参加 GATT 的先例。

(七)第七轮谈判

1973 年 9 月至 1979 年 4 月先在日本东京后改在瑞士日内瓦举行,本次谈判的第一次部长大会是在日本东京召开而称为"东京回合"(Tokyo Round)。共有 73 个缔约方和 29 个非缔约方参加。这次谈判是在"美元危机""石油危机"、世界经济滞胀和贸易保护主义抬头、非关税壁垒逐渐增多的背景下举行的,因此谈判的主要内容除了关税减让外,还有消除非关税壁垒、农产品贸易及发展中国家待遇等议题。

经过历时近六年的艰苦谈判,取得三方面的谈判成果。一是关税减让方面,协议规定从 1980 年 1 月 1 日起用八年时间使关税削减幅度达到 33%,其中美国关税平均下降 30%~35%,欧洲共同体市场平均下降 25%,日本平均下降 50%,共涉及 3 000 多亿美元的贸易额。发展中国家工业品平均关税下降到 14%,涉及贸易额 39 亿美元。二是在限制非关税壁垒方面取得一系列进展,共达成了九项协议,分别是:海关估价协议、补贴与反补贴协议、政府采购协议、进口许可证程序协议、反倾销协议、技术贸易壁垒协议、民用航空器贸易协议、牛肉协议和奶制品协议。这些协议属于总协定无条件最惠国待遇原则之外独立的协议,仅对签字国有效。三是发展中国家的地位得到了改善。发展中缔约方获得了非互惠的差别待遇,并且它们之间可以相互减免关税和取消非关税壁垒。

(八)第八轮谈判

1986 年 9 月在乌拉圭的埃斯特角城开始,于 1994 年 4 月在摩洛哥的马拉喀什结束,历时近八年,因第一次部长级会议在乌拉圭举行而被称为"乌拉圭回合"(Uruguay Round),参加方从最初的 103 个,增至谈判结束时的 125 个。前七轮谈判取得很大进展,但仍有不少问题没得到解决,加之又有新问题出现,因此谈判旷日持久,相当艰难,是历次谈判以来规模最大、议题最多、时间最长、争吵最激烈的谈判。

乌拉圭回合谈判的内容包括两部分:货物贸易谈判和服务贸易规则的新框架,共涉及三个方面的 15 个议题。一是进一步推进贸易自由化的议题,包括:关税问题,重点是对高关税率的约束和缩小关税升级的程度;非关税措施;热带产品;自然资源产品;

纺织品和服装；农产品贸易。二是强化关贸总协定多边贸易体制的作用与功能的议题，包括：关贸总协定条款、保障条款、多边贸易谈判协议和安排、补贴与反补贴、贸易争端解决程序、关贸总协定体系的作用。三是新提出的议题，包括：与贸易有关的知识产权、与贸易有关的投资措施及服务贸易。

乌拉圭回合谈判经过无数次讨价还价和数次延迟，最终于1993年12月15日闭幕，1994年4月15日在摩洛哥的马拉喀什正式签署了《乌拉圭回合多边贸易谈判成果的最后文件》，经谈判各方国内立法机构批准，于1995年1月1日正式生效。据此文件，乌拉圭回合谈判的主要成果如下。

第一，关税进一步降低。发展中国家缔约方承诺总体关税削减幅度在24%左右，工业品加权平均税率由20.5%降至14.4%。发达国家缔约方承诺总体关税削减幅度在37%左右，工业品加权平均税率由6.3%降至3.8%。农产品关税全部缔约方承诺进一步减让，削减从1995年1月1日开始，发展中国家缔约方实施期为10年，发达国家实施期为6年。

第二，形成了一系列协议，制定了一批新规则。乌拉圭回合制定的协定、协议包括：七项关于非关税壁垒和国际贸易具体问题的协议，即《技术性贸易壁垒协议》《海关估价协议》《装运前检验协议》《原产地规则协议》《进口许可程序协议》《实施动植物卫生检疫措施协议》《与贸易有关的投资措施协议》；两项具体部门协议，即《农业协议》和《纺织品与服装协议》；三项贸易救济措施协议，即《保障措施协议》《反倾销协议》《补贴与反补贴措施协议》；在服务贸易与知识产权领域首次签订的《服务贸易总协定》和《与贸易有关的知识产权协定》；1947年关贸总协定补充修订后转化形成的《1994年关税与贸易总协定》。

第三，建立了世界贸易组织。由于世界经贸发展迅猛，关贸总协定的局限性逐渐显现，建立适用范围更广、更灵活的多边贸易组织显得十分必要。乌拉圭回合突破了原有谈判议题，达成了《建立世界贸易组织协定》。通过建立世界贸易组织，加强和完善了世界多边贸易体制。

在上述8轮谈判中,第1轮和第8轮最为重要:第1轮谈判不仅为关税与贸易总协定的签订提供了保证,而且创下了大规模多边关税和贸易谈判的成功先例。第8轮谈判是关税与贸易总协定发展进程中最重要的一轮多边贸易谈判,无论从规模、参加方数目、还是从议题内容和涉及面来看,都大大超过关税与贸易总协定设立以来的所有多边贸易谈判,特别是签署了《建立世界贸易组织的协议》,这也是对20世纪40年代联合国贸易与就业会议建立国际贸易组织(ITO)目标的圆满完成。

六、关税与贸易总协定的作用和局限

(一)关税与贸易总协定的作用与贡献

关税与贸易总协定存续的48年间,活动涉及的领域不断扩大,从货物贸易扩展到服务贸易以及和贸易有关的投资领域,缔约方不断增多,由最初的20多个国家增加到120多个国家。

关税与贸易总协定对国际贸易的影响日益加强,主要表现在:

1. 使战后国际贸易得到快速增长

战后世界贸易规模增长迅速。1945—1960年年均增长6%;1960—1970年年均增长8.2%;1970—1973年年均增长8%;1973—1979年年均增长4.5%;1979—1988年年均增长4%;从1945—1988年总体上年均增长近5%,这与GATT所做的努力是分不开的。一方面,GATT各缔约方通过多边贸易谈判,在互惠互利的基础上大幅度削减了关税,促进了国际贸易的增长。其中,前7个回合的谈判使发达国家的平均关税从1948年的36%下降到5%,发展中国家和地区的平均关税同期下降到13%,"乌拉圭回合"更进一步削减了关税水平,有些甚至削减至零。另一方面,GATT通过限制和消除各种非关税壁垒和相关措施来达到促进贸易自由化的目的。

2. 促进了战后世界经济的增长

战后世界经济增长迅速,其中世界贸易的增长远远超过了世界生产的增长。这可以从以下几个方面进行理解。第一,国际贸易会促进市场范围的扩大,参加国通过国际专业化分工,使资金、人才、技术等资源得到有效配置,促进劳动生产率的提高,进而促进贸易各方的经济增长;第二,国际贸易会带来规模经济利益,一国国内市场相对来说是狭小的,出口扩大克服了国内市场狭小的矛盾,生产规模可以扩大以实现经济规模,即生产达到平均单位成本最小的规模,从而提高了产品的利润率,节约了资源;第三,一国出口的扩大意味其进口能力的提高,而许多进口货物尤其是先进的技术设备往往对本国的经济增长有着重要意义,能提高进口国的技术水平,促进产业结构升级;第四,进行国际贸易使本国企业参与世界市场的竞争,会促进国内出口产业以及相关产业降低成本、改进质量,从而促进国内产业的发展。此外,进行国际贸易还有利于国内市场的发育和完善。总之,国际贸易会带来动态利益,即随着贸易的发展,通过一系列的动态转换过程,把经济增长传递到国内各经济部门,带动国民经济的全面增长。

3. 为缔约方提供了场所

GATT为缔约方提供了一个论坛,为他们解决贸易争端、消除误会提供了必要的场所,缓解了缔约方之间的矛盾,减少了贸易纠纷,对战后国际贸易体系的稳定和发展具有重要作用。磋商、调解和争端解决是解决缔约国间贸易争端的主要方法,也是GATT的一项根本性工作。缔约方的多数争端都由双方磋商解决,当他们无法通过磋商方式解决时,就由有关理事会成立专家小组来解决。

4. 形成了一套有关国际贸易改革的规则

GATT确定的各项基本原则以及在历次多边贸易谈判中所达成的一系列协定,形成了一套指导各缔约方制定贸易政策的行动准则。这些规则是各方处理它们之间贸易关系的依据。如最重要的基本原则之一"最惠国待遇"原则。

（二）关税与贸易总协定的局限性

尽管关贸总协定在推动国际贸易的发展上起了重要的作用，但由于其产生背景的特殊性，发展过程中不可避免地存在着局限性。

1. 法律地位低

GATT 就其名称看，仅仅是一个协定、一个合同，而非正式的具有国际法主体资格的国际组织。参加的国家和地区只能被称为"缔约方"，而不能被称为"成员"。这种非正式的法律地位，妨碍了其功能的发挥和正常活动的开展。同时，GATT 的临时性也决定了其法律地位是非常低的，它只不过是一个各缔约方行政部门之间的临时约定，缔约方可以保留在参加 GATT 之前现行有效地与 GATT 相冲突的法律。因此，GATT 对于各国通行的贸易保护主义做法往往采取回避和退让的方针。

2. 效率低，管理上有漏洞

这点正是由于 GATT 法律地位的不足决定的，使其在执行决议方面的效率低下和对缔约国的管理上存在很多问题。例如，在对缔约方的争端解决上，GATT 由于只是一个临时性的多边贸易协定，并没有专门的争端解决机构和系统的争端解决规定，有关争端解决的规定主要集中在第 22 和 23 条。

GATT 对缔约方也缺乏必要的检查和监督手段。例如，当进口增加对国内生产者造成严重损害或严重威胁时，允许缔约方对特定产品采取紧急限制措施。由于未规定如何确定损害和如何进行调查与核实，对"国内生产者"也没有下定义，对保障条款的实施、检查和监督造成了困难。

3. 管辖范围不能满足时代需要

一方面，由于 GATT 产生时所处经济发展阶段的客观限制，造成其管理对象主要是货物贸易和关税减让。而且货物贸易中的农产品和纺织品长期游离在外,少数国家实行数量限制使农产品和纺织品出口国家遭受重大损失;另一方面,战后经济的迅速发展,使服务贸易的增长速度大大超过了货物贸易的增长速率,并且在经济发展中呈现出更积极的作用,知识产权转移在国际经济发展中的作用也大大加强,这种局面使 GATT 难以胜任"调整和规范缔约国之间对外贸易政策和国际经济贸易关系"的职责。乌拉圭回合所进行的服务贸易等范围的谈判本身更加暴露了 GATT 的局限。

GATT 的上述局限性,决定了其无法适应新形势的需要,因此新的、更完善的多边贸易体制必将代替关贸总协定。

第二节 世界贸易组织

作为乌拉圭回合最突出的成果之一,世界贸易组织于 1995 年 1 月 1 日正式成立,总部设在瑞士日内瓦,是具有法人地位的国际组织。它与世界银行、国际货币基金组织并称为"国际经济体系三大支柱"。

一、世界贸易组织产生的背景

1986 年关贸总协定乌拉圭回合谈判开始时所提出的 15 个议题中,并不包含关于建立世界贸易组织这一议题。建立世界贸易组织的建议,最早是由意大利在 1990 年初提出,同年 7 月由当时的欧共体 12 国正式提议建立"多边贸易组织",美国、加拿大等国表示支持。1990 年 12 月,在布鲁塞尔举行的部长级会议上各成员同意就建立多边贸易组织进行协商。1991 年 12 月,形成了一份关于建立多边贸易组织协定的草案,并成立筹备委员会。1993 年 12 月根据美国的动议把"多边贸易组织"改名为"世界贸易组织"。1994年4月15日,在摩洛哥的马拉喀什部长级会议上104个成员正式通过《建立世界贸易组织协定》(《WTO协定》),该协定于1995年1月1日正式生效,世界贸易组织宣告成立,总部设在瑞士日内瓦。

关于建立世界贸易组织的提议在乌拉圭回合中能够得到普遍赞同并顺利通过,主要是同于由于长期以来,关贸总协定的法律基础比较薄弱。关贸总协定法律效力不足,组织结构也不够健全。此外,关贸总协定条款中的漏洞也比较多。随着世界经济贸易的发展,国际贸易在世界经济关系中起着越来越重要的作用,同时由于关贸总协定的缔约方也越来越多,客观上需要有一个正式的、有足够法律效力的国际贸易组织来协调世界经济贸易发展中的各种问题。

另外,由于国际贸易的发展,贸易范围不断扩大,在新的贸易领域中出现的问题也越来越多,传统上只管辖货物贸易的关贸总协定的组织机构已难以适应国际贸易新形势发展的需要。在乌拉圭回合中,除传统的货物贸易谈判外,服务贸易、与贸易有关的知识产权及与贸易有关的投资等内容也被纳入了谈判的范畴,并签订了一系列的新协议,这在客观上需要有一个与之相适应的组织机构来进行协调、监督、执行和管理。世界贸易组织因此应运而生。

二、与关税与贸易总协定相比,世界贸易组织的特点

与GATT相比,WTO具有如下特点。

(1)适用的领域明显扩大。WTO所涉及的领域不仅包括工农业产品贸易,而且还包括服务贸易和知识产权。不仅如此,WTO是一项伞式条约,所有乌拉圭回合达成的各项协议以及修改后的东京回合的协议都是WTO框架下的附件,都属WTO管辖范围。此外,在WTO的前言中还将环保作为WTO下一个工作目标。

(2)法律地位更加明确。GATT 不是一个正式组织,只是一项临时性的契约,而 WTO 是一个具有法人地位的正式国际机构。各国采取"一揽子"参加办法,改变了过去自由选择的参加办法,促进各成员方在相互权利和义务上的平等性。

(3)建立了一套较为完善的管理机构。其中之一就是建立贸易制度的审议制度,以确保其透明度和对与多边协议有关的成员方的贸易政策进行检查、督促。

(4)解决争端机制更为完善,有助于克服 GATT 的专家小组权限有限、争端解决时间拖长、监督行动不力等缺陷。

三、世界贸易组织的主要内容

(一)世界贸易组织的宗旨和目标

《建立世界贸易组织协定》在前言中指出:"本协定各参加方认识到在处理它们在贸易和经济领域的关系时,应以提高生活水平、保证充分就业、保证实际收入和有效需求的大幅稳定增长以及扩大货物和服务的生产和贸易为目的,同时应依照可持续发展的目标,考虑对世界资源的最佳利用,寻求既保护和维护环境,又以与它们各自在不同经济发展水平的需要和关注相一致的方式,加强为此采取的措施。进一步认识到需要作出积极努力,以保证发展中国家、特别是其中的最不发达国家,在国际贸易增长中获得与其经济发展需要相当的份额。期望通过达成互惠互利安排,实质性削减关税和其他贸易壁垒,消除国际贸易关系中的歧视待遇,从而为实现这些目标做出贡献。因此决定建立一个完整的、更可行的和持久的多边贸易体制,包含《关税及贸易总协定》、以往贸易自由化努力的结果以及乌拉圭回合多边贸易谈判的全部结果,决心维护多边贸易体系的基本原则,并促进该体制目标的实现。"

综合分析,WTO 有三个层次的目标,分别是:

(1)基本目标:国际贸易的可靠性。要使消费者和生产者相信,他们能够可靠地得到他们在所需要的制成品、配件、原材料和服务等方面越来越多的选择机会;要使生产商和出口商相信,外国市场对他们开放。

(2)具体目标:建立一个完整的、更具活力和永久性的多边贸易体制,以巩固原来的GATT为贸易自由化所做的努力和"乌拉圭回合"多边贸易谈判的所有成果。为实现这些目标,各成员国应通过互惠互利的原则,切实降低关税和其他贸易壁垒,在国际贸易中消除歧视性待遇。

(3)最终目标:建立一个繁荣、安全和负责任的经济世界,促进成员国人民的福祉。WTO的决议在全体成员国家一致同意的基础上作出,并需经成员国国会的批准。

WTO通常运用管理贸易规则作为贸易谈判的场所,解决贸易争端、审议各国贸易政策,通过技术援助和培训项目帮助发展中国家制定贸易政策,通过与其他国际组织合作等途径达成这些不同层次的目标。

(二)世界贸易组织的职能

《建立世界贸易组织协定》规定WTO的职能包括以下五方面。

第一,管理监督职能。管理和监督各成员方达成的协议与安排的贯彻和实施,并为执行上述各项协议提供统一体制框架,以保证世界贸易组织的宗旨和目标的实现。

第二,谈判职能。作为多边谈判的场所和论坛,并为多边谈判的结果提供框架。

第三,解决贸易争端职能。按有关诉讼程序提起诉讼,解决贸易争端。

第四,监督和审议职能。监督和审议成员的贸易政策和规章,促进贸易体制一体化。

第五,协调职能。协调WTO与其他世界组织的关系,保证全球经济决策的一致性。

(三)世界贸易组织的机构

WTO与GATT不同,它是一个世界性的法人组织,有一整套的组织机构。

1. 部长会议

部长会议是最高权力机构,它由各成员代表组成,至少每两年召开一次会议,其职责是履行世界贸易组织的职能并为此采取必要的行动。

部长会议应一个成员方的要求,有权按照《建立世界贸易组织协定》和相关的多边贸易协议列出的特殊要求,就任何多边贸易协议的全部事务作出决定。

2. 总理事会

总理事会是部长会议下设机构,它是由各成员方代表组成,在部长会议休会期间代行其职能:总理事会下设争端解决机构、贸易政策机制评审机构、其他附属机构,如货物贸易理事会、服务贸易理事会和知识产权理事会。

3. 理事会

理事会是总理事会的附属机构,有货物贸易理事会,服务贸易理事会和知识产权理事会。货物贸易理事会(Goods Council)负责各项货物贸易协议的执行;服务贸易理事会(Service Council)监督执行服务贸易协议的执行;知识产权理事会(TRIPS Council)监督与贸易有关的知识产权协议的执行。另外,部长会议下设有专门委员会,如贸易与环境委员会、国际收支限制委员会、贸易与发展委员会和预算财政行政委员会。

4. 争端解决和上诉机构

争端解决机构具有司法裁决权。上诉机构是常设机构,由7位公认的、国际贸易和法律方面的专家组成,负责成员间的贸易争端解决。它有一整套处理的原则和规范的程序,主要原则有:

多边原则；统一程序原则；协商解决原则；自愿调节和仲裁原则；授权救济原则；法定时限原则；权利与义务平衡原则；发展中国家优惠待遇原则。其解决程序是：磋商与调解程序；斡旋、调节与调停程序；专家小组程序；上诉与复议程序。

5. 秘书处

秘书处是 WTO 常设的服务机构，负责处理日常工作。它由部长会议任命的总干事领导。总干事按照部长会议通过的有关规定任命秘书处的其他官员并规定其职责。

（四）世界贸易组织的决策机制

世界贸易组织承袭关贸总协定协商"一致同意"的决策方式，只有当无法达成共识时，再以投票方式进行表决。世界贸易组织对不同的问题，规定具体的通过票数：

(1) 解释和决议。对任何多边贸易协议的解释和决议，须经部长级会议和总理事会成员的 3/4 以上多数通过。

(2) 修订。对有关条款的修订，须经 2/3 多数票通过。

(3) 豁免。豁免某一成员所应承担的义务，须经 3/4 以上多数通过。

四、世界贸易组织的基本原则

世界贸易组织取代关贸总协定后，继承了关贸总协定的基本原则并在所管辖的服务贸易、与贸易有关的知识产权以及与贸易有关的投资措施等新的领域中予以适用和发展。具体内容如下：

(1) 关贸总协定的基本原则适用于服务贸易、与贸易有关的知识产权以及与贸易有关的投资措施等新的领域。

(2) 加强了"多边主义"原则。由于世界贸易组织要求缔约方必须无条件地以"一揽子"方式签署参加其管辖的《乌拉圭回合最后文件》，使得"多边主义"原则得到更有效地贯彻和实施。

(3) 加强了对发展中国家的特殊优惠待遇原则。除了原有的

"非互惠原则""授权条款"外,世界贸易组织还在以下四方面给予优惠:

第一,允许发展中国家用较长的时间履行义务,或有较长的过渡期。如农产品协议规定,发达国家在6年内关税下降36%,而发展中国家在10年内关税下降24%。

第二,允许发展中国家在履行义务时有较大的灵活性。如保障措施协议规定,成员方对某项进口产品过去已使用过保障措施,如若再使用必须相隔"一定时期"。对发达国家来说,"一定时期"是指与上次采用过的相隔时间相等,而对发展中国家来说则给予一定灵活性,"一定时期"可等于上次采用过的时间的一半。

第三,规定发达国家对发展中国家提供技术援助,使发展中国家更好地履行义务。如服务贸易协议规定,发达国家要在技术获得、销售渠道、信息沟通等方面帮助发展中国家,并主动向发展中国家更多地开放自己的服务市场。

第四,对经济转型的国家加入世界贸易组织给予鼓励和灵活处理。

五、世界贸易组织的局限性

尽管世贸组织比关贸总协定有重大的发展和进步,对发展中国家也有很多的优惠,但是它并不是一个完美无缺的组织,也存在着一些缺陷。主要表现在以下几个方面。

(1)如何协调、理顺文案本身与其庞杂的附件之间的关系是件十分艰巨的任务。

(2)虽然WTO力图建立对贸易政策的审查机制,但规定的内容比较空洞,缺乏实质性的监督内容,可行性差,难以对发达国家形成强硬的约束。

(3)从总体上讲,WTO没有也不可能完全反映发展中国家的意志,它的许多制度安排给发展中国家并没有带来多大实质性的利益。

(4)各类绕过GATT纪律约束的"灰色区域"措施,如自限协议并未规定取消的时间表,新多边贸易体制势必仍遭此类措施的侵蚀。

(5)农产品和纺织品长期游离于多边贸易体制管制之外的问题没有从根本上得到解决,虽然乌拉圭回合已就纺织品协议达成10年内取消的协议,但弄不好也可能成为纸上谈兵。

(6)WTO继承了GATT许多例外规定,如反倾销、反补贴等。这种例外的规定和负责条款将严重影响新多边体制的有效运转。

(7)如何确保形形色色区域集团的组织朝着开放、公平和非排他性方向发展,并杜绝区域集团化对自身机制的肢解和干扰,还缺乏一套行之有效的措施。

第三节 世界贸易组织与中国

一、中国的"复关"与"入世"

(一)中国与关贸总协定的历史概览

中国是关贸总协定的缔约国。1947年4月,当时的中国南京政府参加了在日内瓦举行的联合国经济社会理事会召开的国际贸易与就业会议第二届筹备委员会,并先后同美国、英国、法国、加拿大等国举行了关贸总协定第一轮谈判,同年10月30日签署了《关税与贸易总协定》。1948年3月24日,中国签署了联合国世界贸易与就业会议的最后文件,成为国际贸易组织临时委员会成员。同年4月21日按《临时适用议定书》规定,中国把接受《关贸总协定临时适用议定书》的文件呈交给总协定存放,30日后,即5月21日中国成为关贸总协定的缔约国。同年10月30日,中国签署了《关税与贸易总协定》;1948年4月21日,中国政府签署了《关税与贸易总协定临时适用议定书》。5月21日,即临时适用议定书签署后的第30天,中国成为关贸总协定23个原始缔约方之一。1949年4月至8月,当时的中国政府还参加了在法国安纳西举行的关贸总协定缔约方大会,参与了第二轮多边关税减让谈判,并与新加入多边谈判的6个国家达成了关税减让协议。但是在中华人民共和国成立之后的30多年里,中国没有参加关贸总协定的活动,又由于中国台湾已在1950年3月宣布退出,这就使得中国失去了在关贸总协定的席位。

改革开放以来,随着中国经济的发展和国际经贸活动的广泛开展,中国与关贸总协定及其他世界经济组织的关系越来越密切。经过充分准备,1986年7月,中国政府向关贸总协定正式提交了关于恢复中国在关贸总协定创始国地位的申请,并阐明了中国对恢复总协定缔约国地位的原则立场,此后便开始了艰苦的"复关"谈判。

(二)中国"复关"与"入世"的历程

1986年7月中国正式提出恢复其关贸总协定缔约国地位的申请,在恢复我国总协定缔约国地位谈判中,我国提出了复关必须坚持三项原则:(1)以恢复我国在总协定地位为条件,而不存在"加入"或"重新加入"问题;(2)在关税减让的基础上承担义务和进行谈判;(3)我国是发展中国家,应取得发展中国家在总协定中的同等地位与待遇。

1987年2月13日中国向关贸总协定递交《中国对外贸易制度备忘录》,1987年3月4日关贸总协定成立中国工作组,审议中国复关问题。1988年2月工作组举行首次会议,到1999年5月共举行7次会议,关贸总协定邀请所有缔约方就中国的外贸体制提问,中国答疑,就核心问题达成谅解。1992年2月,在中国工作组第10次会议上,中国复关谈判出现转机。但在1994年12月的第19次谈判中因一些西方国家反对中国复关而成为世贸组织的创始成员,中国复关终没有达成协议。

1995年1月1日世贸组织成立后,中国复关谈判转为入世谈判。1995年1月,应中国政府请求,中国复关谈判工作组改为中国入世谈判工作组。1995年7月1日中国成为世贸组织观察员,7月11日中国正式申请入世。1996年3月WTO中国工作组举行首次正式会议,此后中国三次主动宣布大幅度降低进口关税,取消农产品出口补贴并于1998年2月中国工作组第7次会议上提出一揽子降低关税方案,4月第八次会议上承诺进一步开放服务业,并与37个成员方进行了双边入世谈判。

1999年以来,中国加入世界贸易组织的关键谈判——中美谈判紧锣密鼓地进行。时任总理朱镕基访美把这一谈判推向了高潮。4月9日,中美双方进行了通宵达旦的谈判,到美国东部时间10日早晨6点,双方就中国加入世贸组织一揽子协议中的重要组成部分——《中美农业合作协议》达成一致。1999年11月15日,中美双方签署了关于中国加入世界贸易组织的双边协议。

随着中美谈判的结束,我国与欧共体的谈判也于2000年5月19日达成双边协议;2001年6月28日至7月4日对多边谈判中遗留的问题达成全面共识;2001年9月13日中国与墨西哥达成双边协议。至此,中国为加入WTO所进行的谈判全部结束。2001年11月11日,WTO多哈部长级会议正式通过中国加入WTO的决议,12月11日中国正式签署有关法律文书成为WTO的第143个正式成员。

二、中国"入世"后的权利与义务

(一)中国"入世"后的权利

1. 享受非歧视待遇

加入WTO以后,我国便能够在一个多边、稳定的最惠国待遇和国民待遇原则下进行国际贸易,即非歧视待遇。现行双边贸易中受到的一些不公正待遇将会被取消或逐步取消。

2."普惠制"待遇

中国以发展中国家的身份加入WTO,根据"授权条款"和WTO有关规定,加入WTO后中国有权享受发达国家对发展中国家出口的制成品和半制成品所给予的单方面减免关税的特殊优惠待遇。此外,WTO还规定了对发展中国家成员的某些特殊优惠,加入WTO后中国可以同时享有这些特殊优惠待遇。

3.利用争端机制解决贸易争端

随着中国对外开放的扩大,各种经济贸易上的纠纷也会越来越多。以往在双边贸易中,发达国家如美国、欧盟各成员国等常常利用国内的、单边主义的、甚至是过时的法律条款对中国实行歧视。加入WTO后,我国就可以利用WTO解决争端机制和程序,求得公平解决,避免美国等发达国家对我国实施单方面的报复,从而维护我国的正当权益。

4.参与国际贸易事务,制定国际贸易政策

加入WTO后,中国可以在世界贸易组织范围内,参与各个议题的谈判和贸易规则的制定。同时可以充分表达中国的要求和关切,维护中国在国际贸易中的地位和合法权益。中国是一个拥有14亿人口的发展中国家,中国参与世界贸易规则的制定,有利于维护发展中国家的利益,有利于建立和维护公正合理的经济秩序。

(二)中国"入世"后的义务

1.进行关税减让

1994年关贸总协定第28条附加第一款规定,各成员方"在互惠互利基础上进行谈判,以大幅度降低关税和进出口其他费用的一般水平,特别是降低那些使少量进口都受阻碍的高关税"。根据当时中国平均税率仍高于发展中国家的平均水平的情况,中国入世的首要义务,就是要逐步将中国关税加权平均水平降到关贸总协定要求的发展中国家水平。

第七章 世界贸易组织的发展

2. 逐步取消非关税壁垒

1994年关贸总协定第11条规定,不得设立或维持配额、进出口许可证或其他措施,以限制或禁止其他缔约方领土的产品的输入,或向其他缔约方领土输出或销售出口产品。中国在复关和入世谈判中被要求削减如进口许可证、配额以及外汇管制、技术检验标准等非关税措施。中国承诺到2005年取消仍在执行的300种进口许可证或配额,其中25%入世后即取消。根据承诺,中国应对进入我国市场的货物给予国民待遇,对进入我国市场的与服务贸易有关的投资,将履行我国加入世界贸易组织的具体承诺。

3. 取消出口补贴

WTO规定,各成员方应力求避免对产品的输出实行补贴。我国在调整税率的基础上,对所有产品包括工业制成品和初级产品实行企业自主经营、自负盈亏的经营机制,已达到了世界贸易组织的有关要求。我国承诺,"入世"后逐步取消对农产品的出口补贴,中国的农产品市场将做重大开放,尤其是对玉米、小麦、棉花、大豆这样的大宗商品。中国将在农业领域建立一个最高关税限额体系。

4. 开放服务业市场

按照《服务贸易总协定》(GATS)要求,成员方对服务贸易执行与货物贸易同样的无歧视、无条件的最惠国待遇,谈判给予国民待遇,并逐步降低贸易壁垒,开放银行、保险、运输、建筑、旅游、通信、法律、会计、咨询、商业批发、零售等行业。WTO统计的行业达150多种,都将属于开放范围。为此,中国将有步骤地允许外商进入我国电信、银行、保险、证券及分销等领域。

5. 增加贸易透明度

WTO建立了对各成员方贸易政策定期审查和通报的制度,要求各成员经常提供国内经济情况报告,并定期接受审议。为改变被认为是缺乏透明度的国家的情况,中国要逐步废除和停止实施与世界贸易组织规则相抵触的法律、法规和规章。进行外贸管理体制改革,把外贸经营权审批制改为登记制,实行统一、透明的外贸政策,接受世界贸易组织对我国贸易政策的有关审议。

6. 扩大对知识产权的保护范围

WTO与贸易有关的知识产权协议要求各成员方扩大对知识产权的保护范围:中国作为发展中国家,在知识产权保护和管理方面与发达国家尚有一定差距。加入WTO后,中国将根据WTO及有关规定的要求,扩大对知识产权的保护范围。中国政府承诺加强知识产权保护方面的立法,加大对知识产权保护的力度,严厉打击侵权行为。加入世界贸易组织以来,我国各级政府及执法部门在知识产权保护方面做了大量工作,取得的显著成效为世界所公认。

7. 放宽对引进外资的限制

WTO与贸易有关的投资措施协议要求各成员方放宽对引进外资的限制,扩大外商的投资领域,并且要求给予外国投资者"国民待遇"。中国实行改革开放以来,为了引进外资,颁布了一系列法律、法规和条例,制定了一系列特殊优惠政策。对任何外来的投资者实行同等的优惠待遇,是符合WTO原则的。但是中国在这方面的法规还不完善.一方面给予外资"超国民待遇","打击"了国内企业;另一方面在许多国内收费上存在内外差别,引起外商不满。加入WTO后,我国正在不断修改和完善招商引资政策和外商来华投资政策。

三、"入世"对中国的影响

中国加入世界贸易组织有利也有弊,有机遇也有挑战。从总体上看,利大于弊,机遇多于挑战。

(一)加入世界贸易组织带来的机遇

1. 推进了我国改革开放的进程

改革开放以来,我国取得了巨大的成就,但是仍是处于社会主义社会初级阶段,离建立社会主义市场经济体制的最终目标要求还有很大距离,传统的计划经济体制的影响还没有完全消除,面向未来我们需要加快改革开放的步伐。我国加入WTO后做事情就必须要依照国际规则,遵从国多边贸易协定的相关内容,进行国际接轨。因此,这就需要我国不断进行市场改革和对外开放,这主要是因为不管是GATT还是WTO,都是为了纠正行政干预对国际贸易产生的扭曲,因此,都希望能通过单一的市场价格竞争,实现贸易自由化和公平化的目标。也就是说,我国改革开放的目标与WTO的要求是一致的,只有加快改革开放的进程,尽快建立起比较完善的社会主义市场经济体制才能与WTO相适应。

2. 为我国对外贸易和经济建设创造了有利的国际环境

WTO主张通过多边谈判使各成员方之间逐步降低关税,取消贸易壁垒,使贸易在一个平等自由的条件下进行。我国加入WTO,就取得了与其他成员方平等的国际地位,有助于改变以前受歧视的状况,创造与其他成员方相互信任和合作的有利的国际氛围,进而树立起一个大国形象,加大我国对外国资本的吸引力,提高外资的投资量。同时,我国加入WTO后能够享受到的发展中国家的特殊待遇,为我国对外贸易和经济的发展提供了有利的机会。

3. 促进了我国产业结构调整,提高企业竞争能力

我国加入WTO后,国内的企业面临的竞争不断加剧,主要是因为在加入WTO之前,国内的企业只是面临着国内企业的竞争,而入世后,国内的企业还面临着国际上许多优秀的企业的竞争,这就迫使国内的企业提高自己的竞争力,深化企业改革,采用先进的生产技术,实现企业资源配置的优化,从而能够发挥企业优势,提高企业的生存力,求得更好的发展。

4. 促进了我国参与经济全球化的进程

经济全球化、贸易自由化已经是现在世界经济贸易发展的大

趋势。在这种大趋势下,我国经济要想取得更好的发展,在经济全球化中立于不败之地,就必须要寻求一个稳定的、透明的、可预见的多边贸易机制的保障,而世贸组织正好提供了这样一个机制保障,与此同时,按照规则做事,可以达到事半功倍的效果,有助于我国更好地参与全球化的生产,有助于我国企业参加跨国公司的合作和交流,学习它们的经验和技术,从而增强我国外贸企业的竞争能力,扩大出口。

5. 可以促进就业,提高人民生活水平,增强人民幸福值

充分就业、提高人民生活水平是 WTO 的宗旨。我国加入 WTO 一方面可能对某些企业造成冲击,在短期内甚至使企业破产,工人下岗,进一步增加就业压力;另一方面,WTO 通过贸易自由化和扩大贸易又可以促进经济增长,创造出许多新的就业机会。因此,从长期看又有利于缓解我国的结构性失业。另外,从消费方面看,我国加入 WTO 后,受益最大的是广大消费者。关税削减,市场开放,更多的外国商品涌入国内市场,消费品价格必然下降,选择余地增加,服务质量提高,消费者会成为真正的上帝,即使在现有收入水平下,生活质量也会提高。

(二)加入世界贸易组织带来的挑战

1. 对一些工业企业带来挑战

这里主要是指那些长期靠国家保护,产品成本高,市场竞争能力差的企业。如我国汽车制造业。另一类是建设重复、规模小、专业化水平低、产品质量差、管理混乱的一些中小企业,例如,一些国有小化工、小煤炭、小水泥、小造纸等企业以及一些地方乡镇企业、个体私人企业,此类企业如不抓紧时间调整产业结构,进行技术改造和资产重组,被淘汰是不可避免的。

2. 对农业带来了挑战

我国农业由于长期置于国家的保护之下,导致我国农业产业化程度低,市场竞争能力差,加入 WTO 后将面临严峻的挑战。

一是降低关税、开放市场带来的挑战。二是取消保护带来的挑战。我国已作出承诺,加入WTO以后,要逐步取消非关税壁垒和政府对农业的补贴,近几年来,农业生产成本不断上升,目前除去肉类、水果、水产品等农产品以外,许多农产品特别是小麦、玉米、大宗农产品的国内价格已高于国际市场价格20%~70%,使我国出口农产品在价格方面没有了优势,降低了在国际市场上的竞争能力。取消政府保护以后,会进一步影响我国外贸农产品的竞争力,有可能进一步加重主要农产品如粮食、棉花等"卖难"的矛盾,影响农民收入的增加,挫伤农民的生产积极性。

3. 对我国劳动就业带来挑战

近几年,我国劳动就业形势严峻,失业人数不断增加。失业的原因有多个方面:一是存在着摩擦性失业和自愿性失业;二是有大量的非自愿性失业。其中主要原因是有效需求不足和产业结构调整,这在短期内难以解决。加入WTO后,这种局面会更加严重。首先是某些工业企业因为受外国同类企业的冲击而可能引起破产,从而造成新的失业。同时,许多企业在深化改革中也会继续造成新的结构性失业。其次是我国人多地少,农业劳动力严重过剩,产业结构的变动,将使上亿的农村剩余劳动力向非农业转移。再加上WTO的冲击,低价的外国农产品大量涌入国内,不但挤掉了中国的市场,而且将使本来就过剩的农村劳动力更加过剩。由此可见,加入WTO以后,在一定时期内对我国的劳动就业将形成全面的压力。

4. 对高科技产业带来挑战

我国高新技术产业起步晚,技术含量低,质量差,价格高,属于新生产业,应该受到保护,但是这种保护在我国加入WTO之后,时间是有限的,我国已作出承诺,加入WTO以后将执行国际性的信息技术协定,即实现美国所推行的技术产品零关税原则。我国对信息业产品的关税将由现在平均13.3%降低为零。外国高科技产品的进口和投资,势必加剧我国高科技市场的竞争,首先进入中国市场的是那些深加工、精加工、高附加值的高新技术机电产品,如计算机、录像机、复印机、汽车、摩托车、彩电、彩管、广播电视设备、通信设备、数控机床、自动化仪表、精密加工机械等,对我国同类产品产生猛烈冲击。

5.对金融业带来挑战

改革开放以来,我国金融组织体系初步形成了以中央银行为核心、以国有商业银行为主体的金融体系,并成立了数家政策性银行。尽管如此,由于体制上的障碍和其他方面的多种原因,加入WTO后,我国金融业,尤其是银行面对更大的挑战。

参考文献

[1]刘惠芳.国际贸易理论政策与实务[M].北京:中国经济出版社,2014.

[2]凌廷友.国际贸易理论与政策[M].成都:西南财经大学出版社,2013.

[3]夏英祝,郑兰祥.国际贸易与国际金融[M].合肥:安徽大学出版社,2012.

[4]李雁玲.国际贸易理论与实务[M].北京:机械工业出版社,2011.

[5]张相文,曹亮.国际贸易理论与实务[M].武汉:武汉大学出版社,2011.

[6]吴汉嵩.国际贸易学[M].广州:暨南大学出版社,2010.

[7]卓骏.国际贸易理论与实务[M].北京:机械工业出版社,2010.

[8]张建辉,宋丽芝.国际贸易理论与实务[M].北京:清华大学出版社,2010.

[9]郭波.国际贸易:理论与政策[M].北京:中国社会科学出版社,2009.

[10]冯德连,徐松.国际贸易教程[M].北京:高等教育出版社,2009.

[11]孙睦优.国际贸易学[M].武汉:武汉大学出版社,2009.

[12]贾建华,阚宏.国际贸易理论与实务[M].北京:首都经济贸易大学出版社,2008.

[13]陈岩.国际贸易理论与实务[M].北京:清华大学出版社,2007.

[14]张卿.国际贸易实务[M].北京:对外经济贸易大学出版社,2005.

[15]闫红珍,董西琳.国际贸易理论[M].北京:科学出版社,2005.

[16]海闻.国际贸易:理论·政策·实践[M].上海:上海人民出版社,2003.

[17]王明明.国际贸易理论与实务[M].北京:机械工业出版社,2003.

[18]陈宪,韦金鸾等.国际贸易理论与实务[M].北京:高等教育出版社,2004.

[19]贾金思,姚东旭,郎丽华.国际贸易:理论·政策·实务[M].北京:首都经济贸易大学出版社,2005.

[20]吴国新.国际贸易:理论·政策·实务[M].上海:上海交通大学出版社,2004.

[21]赖景生,陈跃雪.国际贸易理论与实务[M].北京:中国农业出版社,2002.

[22]徐忠海.国际贸易理论与实务[M].北京:知识产权出版社,2001.

[23]刘庆林,孙中伟.国际贸易理论与实务[M].北京:人民邮电出版社,2003.

[24]项义军.国际贸易[M].北京:经济科学出版社,2004.

[25]张林,张春华.国际贸易理论与政策[M].北京:科学出版社,2004.

[26]赵春明.国际贸易学[M].北京:石油工业出版社,2003.

[27]王涛生,戴晓红.国际贸易实务[M].长沙:中南大学出版社,2004.

[28]李小北等.国际贸易学[M].北京:经济管理出版社,2004.

[29]盛洪昌.国际贸易[M].北京:中国时代经济出版社,2003.

[30]Melitz, Marc J. The Impact of Trade on Intra-Industry Reallocatioas and Aggregate Industry Productivity[J], Econometrica, 2003, 71(6): 1695—1725.

[31]Bernard, Androw B., Jonathan Eaton, J. Bradford Jensen, and Kortum S. Plants and Prodtictivity in International Trade[J], American Economic Review, 2003, 93 (4): 1268—1290.

[32]Helpman, Elhanan, Marc J. Melitz, and Ycaple S. R. Expon Versus FDI with Heterogeneous Firms[J], American Economic Review, 2004, 94(1): 300—316.

[33]Antras, Pol, Helpman E. Global Sourcing[J], JournaZ of Political Economy, 2004, 112(3): 552—580.